STAR WARS™

DIE GEHEIME WELT DER
DROIDEN

VON
JASON FRY

INHALT

Droiden ergreifen meist nicht Partei –
sie gehorchen einfach ihrem Herrn.
Doch manche Droiden führen Kriege
und ihr Gehirn ist auf Loyalität für ihre
Sache programmiert. In den Klonkriegen
setzen die Separatisten Tausende von
Kampfdroiden ein, die vor nichts zurück-
schrecken, um ihre Feinde zu besiegen.

32 VSY: C-3PO
TRIFFT R2-D2

22 VSY: SCHLACHT
VON GEONOSIS

19 VSY: JEDI-
SÄUBERUNG

19 VSY: DEAKTIVIERUNG
VON KAMPFDROIDEN
DER HANDELS-
FÖDERATION

41 VSY: GEBURT VON
ANAKIN

32 VSY: SCHLACHT
VON NABOO

50 VSY   40 VSY   30 VSY   20 VSY

ÄRA DER REPUBLIK

DIE KLONKRIEGE

DROIDEN

Droiden sind überall! In allen Ecken der Galaxis arbeiten sie hart an ihren Aufgaben. Für alles gibt es Droiden – sie überbringen Nachrichten, spionieren, kochen, fliegen Raumschiffe oder kämpfen in Kriegen.

Droiden können meist nur das, wofür sie programmiert sind, doch Fehlschaltungen sorgen manchmal für Ärger. Droiden arbeiten gewöhnlich klaglos, aber manche Droiden nehmen es genauer als andere.

Droiden können dich überraschen. Bewahren sie Geheimnisse? Legen sie ihre Feinde herein? Haben sie Freunde? Fahre deine Datenempfänger hoch und entdecke das geheime Leben der Droiden!

HINWEIS ZUR ZEITRECHNUNG: Die Jahreszahlen orientieren sich an der Schlacht von Yavin im Jahr 0. Frühere Ereignisse fanden „vor der Schlacht von Yavin" (VSY) statt, spätere entsprechend „nach der Schlacht von Yavin" (NSY).

0: SCHLACHT VON YAVIN

3 NSY: SCHLACHT VON HOTH

4 NSY: SCHLACHT VON ENDOR

10 VSY   0   10 NSY   20 NSY

ÄRA DES IMPERIUMS   ÄRA DER NEUEN REPUBLIK

DROIDE

In der Galaxis finden sich Droiden aller Formen und Größen. Manche sind freundlich und hochspezialisiert, andere beschränkt und simpel. Droiden arbeiten mit zahllosen Lebewesen – aber was unterscheidet sie von Lebensformen?

- **GEBAUT**
- **PROGRAMMIERTE FÄHIGKEITEN**
- **LEICHT ZU REPARIEREN**
- **NICHT MACHT-EMPFÄNGLICH**

ZUM DIENEN GESCHAFFEN

Droiden werden in Fabriken gebaut und für bestimmte Funktionen programmiert. Nur wenige lernen, sich als Individuen zu verstehen, da ihre Erfahrungen oft durch Gedächtnislöschung getilgt werden.

LEBENSFORM?

GEBOREN ■

ERLERNTE ■
FÄHIGKEITEN

HEILEN LANGSAM ■

MACHT- ■
EMPFÄNGLICH

ZUM TRÄUMEN GEBOREN
Lebensformen werden meist mit ganz wenig Wissen geboren, lernen jahrelang und entwickeln ein Gedächtnis. Oft denken sie an die Zukunft und fällen Entscheidungen, wie sie in ihrem Leben vorankommen wollen.

UND WAS SIND KLONE?
Die Klonsoldaten der Republik sind Lebewesen, ähneln aber zum Teil Droiden. Sie werden gezüchtet, altern rascher als normale Menschen und ihr Gehirn ist manipuliert, damit sie gute Soldaten abgeben. Manche Lebensformen bezeichnen Klone als lebende Droiden.

Arten von DROIDEN

ARBEIT

Arbeitsdroiden sind die verbreitetste Droidenart. Sie reichen von einfachen Arbeitern bis zu Spezialisten.

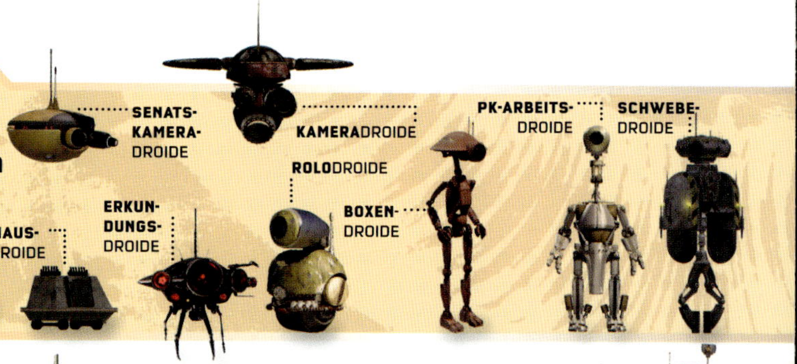

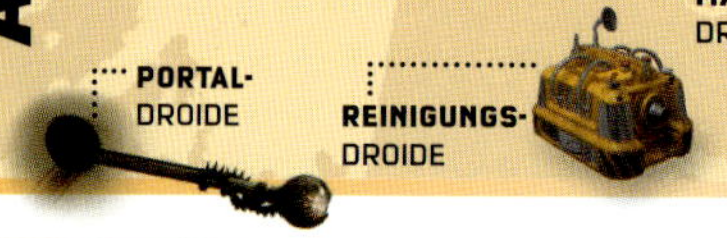

SENATS-KAMERA-DROIDE

KAMERADROIDE

ROLODROIDE

PK-ARBEITS-DROIDE

SCHWEBE-DROIDE

ERKUN-DUNGS-DROIDE

BOXEN-DROIDE

MAUS-DROIDE

PORTAL-DROIDE

REINIGUNGS-DROIDE

TECHNIK

Technikdroiden interagieren oft mit anderen Droiden und Computern statt mit Lebewesen. Sie forschen, warten Raumschiffe und reparieren Maschinen.

R2-ASTROMECHDROIDE

R4-ASTROMECH-DROIDE

R1-ASTRO-MECHDROIDE

R3-ASTROMECH-DROIDE

R5-ASTROMECH-DROIDE

SOZIALES

Sozialdroiden arbeiten mit Lebensformen und haben oft humanoide Körper und Sprachfähigkeiten.

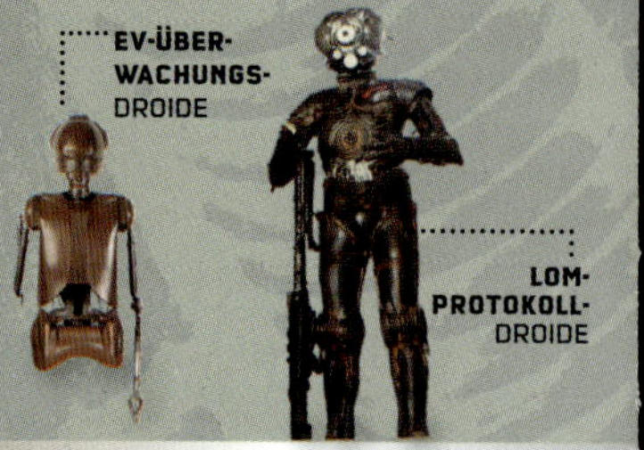

EV-ÜBER-WACHUNGS-DROIDE

LOM-PROTOKOLL-DROIDE

MILITÄR

Militärdroiden sind nicht darauf programmiert, gegenüber Lebewesen Gnade zu zeigen. Es sind Soldaten, Sicherheitsdroiden und Attentäter.

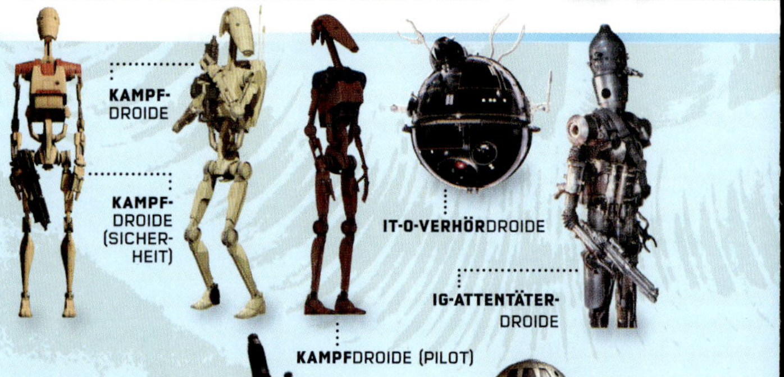

SITH-SONDEN-DROIDE

KAMPF-DROIDE

KAMPF-DROIDE (SICHER-HEIT)

IT-O-VERHÖRDROIDE

ASN-121-ATTENTÄTER-DROIDE

BUZZ-DROIDE

IG-ATTENTÄTER-DROIDE

KAMPFDROIDE (PILOT)

FEUERHAGEL-DROIDE

SPÜRSPINNEN-DROIDE

OCTUPTARRA-DROIDE

FORSCHUNG/MEDIZIN

Wissenschaftsdroiden sind komplex programmiert. Medidroiden interagieren mit Lebensformen, bei anderen Wissenschaftsdroiden sieht man dies eher selten.

GH-7-MEDI-DROIDE

SP-4-ANALYSE-DROIDE

JN-66-ANALYSE-DROIDE

HEBAMMENDROIDE

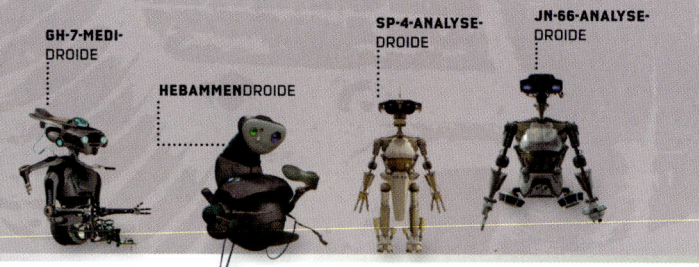

12

SAMMELDROIDE

BINÄRER LASTEN-HEBER

GNK-ENERGIEDROIDE

ERZSCHEIDEDROIDE

ELEKTROSCHMELZ-DROIDE

WARTUNGS-DROIDE

FA-4-DROIDEN-PILOT

RIC-RIKSCHA-DROIDE

RAUPEN-DROIDE

BERGBAUDROIDE

GREIFZANGENDROIDE

WED-DROIDE

KST-DROIDE

VIPER-SONDEN-DROIDE

TC-PROTOKOLL-DROIDE

TC-PROTOKOLL-DROIDE

CZ-SEKRETÄR-DROIDE

RA-7-PROTOKOLL-DROIDE

3PO-PROTOKOLL-DROIDE

WA-7-DROIDEN-KELLNERIN

BD-3000-LUXUS-DROIDE

DROIDEKA

SUPER-KAMPF-DROIDE

ZWERGSPINNEN-DROIDE

KRABBENDROIDE

IG-100-MAGNAWÄCHTER

GEIER-DROIDE

TRI-DROIDEN-JÄGER

PANZERDROIDE

FX-MEDI-DROIDE

FX-MEDI-DROIDE

AMPUTIER-DROIDE

2-1B-CHIRURGIE-DROIDE

13

Astromech-
DROIDEN

PRIMÄRER FOTOREZEPTOR
UND RADARAUGE

Astromechdroiden sind die besten Freunde der Raumschiffpiloten. Diese nützlichen kleinen Droiden überwachen elektronisch den Flug, reparieren, erfassen Feinde in Weltraumschlachten und berechnen die komplexen Sprünge durch den Hyperraum.

R4-P44

JEDI-HELFERIN
Die umsichtige R4-P17 ist Obi-Wan Kenobis Astromech-droide, bis Buzz-Droiden sie in der Schlacht von Coruscant zerstören.

PROZESSOR-
ZUSTANDSANZEIGE

AKUSTIK-
SIGNALGEBER

R4-P17

DROIDE DER REPUBLIK
R4-P44 assistiert Obi-Wan Kenobis Klonsoldaten in den Klonkriegen. Er fliegt viele Missionen in ARC-170-Sternenjägern und hilft den tapferen Piloten der Republik im Kampf gegen die Separatisten.

GUTES AUSSEHEN

Nach der Zerstörung von R4-P17 wird R4-G9 Obi-Wans Astromech. Andere Astromechdroiden sind eifersüchtig auf ihre schicke Bronzekuppel.

LEBENSFORM-SCANNER

GEFÄHRLICHE PFLICHT

Vor den Klonkriegen dient R2-D2 mit anderen Astrodroiden an Bord von Königin Amidalas Raumschiff. Als es auf der Flucht von Naboo beschädigt wird, versuchen R2 und seine Kollegen R2-N3 und G8-R3, es fix zu reparieren.

R5-D4

FUNKTIONSSTÖRUNG

R5-D4 ist ein älteres Astromech-Modell, dessen Schaltkreise oft aussetzen. Jawa-Droidenhändler verkaufen ihn an Luke Skywalkers Onkel Owen. Aber der Motivator von R5 versagt, daher nimmt Owen lieber R2-D2.

ASTROMECHDROIDE

HERSTELLER: INDUSTRIE-AUTOMATON

GRÖSSE: VERSCHIEDEN

PROGRAMMIERUNG: VERSCHIEDEN

MERKMALE: HOLOPROJEKTOR, COMPUTERSCHNITTSTEL-LENARM, FEUERLÖSCHER, LEBENSFORMSCANNER, REPARATURDATENBANK

WAS GESCHIEHT, WENN DEIN RAUMSCHIFF BESCHÄDIGT IST?

ALS DIE HANDELSFÖDERATION Naboo erobert, will Königin Amidala in ihrem Raumschiff fliehen. Schlachtschiffe der Handelsföderation eröffnen das Feuer und legen den Schildgenerator lahm – das Schiff ist nicht mehr geschützt. Noch ein paar Treffer und das Raumschiff wird zerstört! Astromechdroiden eilen auf den schimmernden Rumpf, um Notreparaturen im All auszuführen. Höchste Zeit!

ABWEHR VON BUZZ-DROIDEN

Über dem Planeten Coruscant umschwärmen Buzz-Droiden Obi-Wans und Anakins Schiffe und greifen sie mit Sägen und Greifern an. Sie zerstören Obi-Wans Astromech und beschädigen sein Schiff, doch Anakin und R2-D2 wehren die Buzz-Droiden ab.

DROIDENDATEN

■ Die Arme am fassförmigen Körper der Astromechdroiden sind mit vielseitigen Werkzeugen versehen – z. B. um Raumschiffe zu reparieren oder mit Computern zu sprechen.

RETTUNG IM ALL

R2-D2 und seine Kollegen R2-B1 und G8-R3 arbeiten an Amidalas Schiff, als es unter Laserbeschuss gerät. Nur R2-D2 überlebt – im letzten Moment repariert er den Schild und rettet die Königin!

RAUMSCHIFFDOKTOR

Ein Astrodroide sorgt dafür, dass Raumschiffe richtig funktionieren, damit sich der Pilot aufs Fliegen und Kämpfen konzentrieren kann. R2 hilft Anakin Skywalker in seinem Schiff und viele Jahre später dessen Sohn Luke.

GEFAHR AUF DAGOBAH

R2s Schaltkreise sind wasserfest und als er in den Sumpf auf Dagobah stürzt, schwimmt er vergnügt los – bis ihn eine hungrige Drachenschlange verschluckt und wieder ausspuckt!

R2-D2

R2-D2 sieht wie jeder andere Astromech aus, verhält sich aber ganz anders! In Jahrzehnten ohne Gedächtnislöschungen entwickelte er eine einzigartige Persönlichkeit. Er piepst und pfeift zwar nur, doch seine Freunde verstehen ihn meist problemlos!

R2-D2

HERSTELLER: INDUSTRIE-AUTOMATON

GRÖSSE: 0,96 M

PROGRAMMIERUNG: MÄNNLICH

ZUGEHÖRIGKEIT: REPUBLIK/ REBELLENALLIANZ

MERKMALE: WERKZEUGE, SENSOREN, PROGRAMMIERT FÜR DAS FLIEGEN UND WARTEN VON RAUMSCHIFFEN

LUFTABENTEUER

Mit seinen Schubdüsen kommt R2-D2 weiter als zu Fuß. Aber sie verbrauchen viel Treibstoff und sind oft defekt. Bevor er Luke trifft, wurden seine Düsen jedoch entfernt.

RADARAUGE UND FOTOREZEPTOR

INTERNE LOGIK- FUNKTIONS- DISPLAYS

SCHUBDÜSEN VON BROOKS ANTRIEBSGERÄTE

GELÄNDEGÄNGIGE LAUFFLÄCHEN

ENERGIEBUS- KABEL

TREUER FREUND

Als Luke auf Hoth vermisst wird, weiß R2, dass es zu gefährlich ist, seinen Herrn auf dem Eis-planeten zu suchen. Er kann nur am Tor Wache stehen und mit seinen Sensoren nach dem kleinsten Lebenszeichen von Luke fahnden.

KANN MAN EINEM DROIDEN EINE MISSION ANVERTRAUEN?

DROIDEN FOLGEN DEN Befehlen ihrer Herren, doch eine Geheimmission durchzuführen ist nichts Alltägliches. Als Darth Vaders Sternenzerstörer Prinzessin Leias Schiff entert, befiehlt sie einem kleinen Astromechdroiden, Obi-Wan Kenobi zu finden. Als loyaler Droide tut R2-D2 alles, um seine Mission zu erledigen.

DROIDENDATEN

■ Manche Besitzer verhindern mit einem Halte-bolzen, dass ihr Droide einen bestimmten Bereich verlässt. So kann man ihn fernsteuern oder sogar abschalten.

GEHEIMMISSION

Prinzessin Leia speichert in R2 die Todessternpläne samt einer Nachricht für Obi-Wan Kenobi ab. R2 soll den verbannten Jedi finden und ihm Leias Bitte um Hilfe übermitteln.

ENTKOMMEN!

R2-D2 und C-3PO fliehen in einer Rettungskapsel. Imperiale Offiziere entdecken keine Lebensformen an Bord und stellen das Feuer ein.

ENTSCHLOSSEN

Um seine Mission zu erledigen, bringt R2-D2 Luke dazu, den Haltebolzen zu entfernen. Dann durchquert er nachts allein Tatooines gefährliche Wüsten, bis er Obi-Wan endlich Leias Nachricht überbringen kann.

TC-4

KOMMUNIKATIONSMODUL HINTER GESICHTSPLATTE

DIPLOMATISCHER DIENST

TC-4 dient Yeb Yeb Adem'thorn, einem Senator der Swokes-Swokes-Spezies. TC-4 ist ein umfassendes Wissen über die Kultur der Geld anbetenden Swokes Swokes einprogrammiert.

GEFÄHRLICHE AUFGABE

Nute Gunray ist zu feige, um sich mit den Jedi Qui-Gon Jinn und Obi-Wan Kenobi zu treffen, als sie über die illegale Blockade von Naboo verhandeln wollen. Er entsendet die arme TC-14, die nicht ahnt, dass ihr Herr die Jedi vergiften will.

Protokoll-
DROIDEN

Protokolldroiden sind programmiert, um Senatoren, Botschaftern und Geschäftsleuten zu assistieren. Sie übersetzen fremde Sprachen und helfen ihren Herren in Verhandlungen beim richtigen Umgang mit Vertretern der Millionen verschiedenen Spezies der Galaxis.

C-3PO

EISIGE BEDINGUNGEN

K-3PO ist Koordinator aller Droiden der Rebellenallianz in der Echo-Basis auf Hoth. C-3PO mag den weißen Droiden nicht und beklagt sich über dessen mangelnden Charakter.

K-3PO

FLEXIBLE
KÖRPERMITTE

PROTOKOLLDROIDE

HERSTELLER: CYBOT GALACTICA UND ANDERE

GRÖSSE: VERSCHIEDEN

PROGRAMMIERUNG: VERSCHIEDEN

MERKMALE: HUMANOIDES AUSSEHEN, KOMPLEXE SPRACHDATENBANK, EINZIGARTIGE PERSÖNLICHKEITS-MATRIX, HÖFLICHES AUFTRETEN

SPIONAGEDROID

Das Galaktische Imperium spioniert die eigenen Offiziere mit RA-7-Protokolldroiden aus. Heimlich zeichnen diese auf, was ihre Herren tun, und berichten über verdächtige Aktivitäten.

RA-7

ZUM REDEN GEBAUT

C-3PO erlebt viele unfreiwillige Abenteuer. Er wurde program- miert, um Diplomaten zu helfen und Fremd- sprachen zu überset- zen. Warum muss ein gebildeter Droide wie er in diesen schreck- lichen Raumschiffen reisen und sich beschießen lassen?

C-3PO

TASTSENSOREN

AUDIOSENSOR

HAUPTLADE- BUCHSE

GLÄNZENDE BRONZIUMHÜLLE

Der Protokolldroide C-3PO beherrscht über sechs Milli- onen Kommunikationsformen und ist programmiert, stets höflich und hilfreich zu sein. Er begleitet Padmé Amidala auf diplomatischer Mission für den Senat und hilft später auch Prinzessin Leia.

DEM ERBAUER SEI DANK

C-3PO weiß es nicht mehr, aber er wurde vom jungen Anakin Skywalker aus Teilen mehrerer Protokolldroiden erbaut.

GOLDENER GOTT

Die Ewoks halten C-3PO wegen seiner goldenen Hülle für einen Gott. Er nutzt seine Sprachkenntnisse, um sie zu überzeugen sich der Rebellion anzuschließen.

WIR SIND VERLOREN!

C-3PO rechnet stets mit dem Schlimmsten und ärgert sich, wenn seine Freunde meinen, er mache sich zu viele Sorgen. Wieso versteht niemand, wie gefährlich die Galaxis ist?

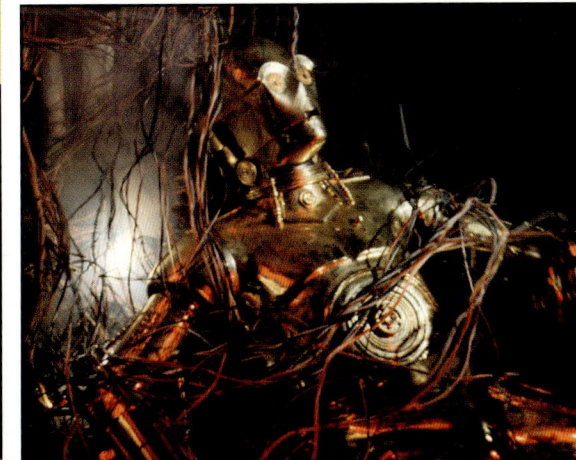

C-3PO

HERSTELLER: EIGENBAU

GRÖSSE: 1,73 M

PROGRAMMIERUNG: MÄNNLICH

ZUGEHÖRIGKEIT: REPUBLIK/ REBELLENALLIANZ

MERKMALE: ZUM DIPLOMATEN PROGRAMMIERT, KULTUR- UND SPRACHKENNTNISSE

C-3PO sah nicht immer gleich aus. Im Lauf der Jahre hat er in vielen Abenteuern verschiedenen Herren gedient. Seine Droidenhülle wurde in dieser bewegten Vergangenheit dabei mehrmals gewechselt.

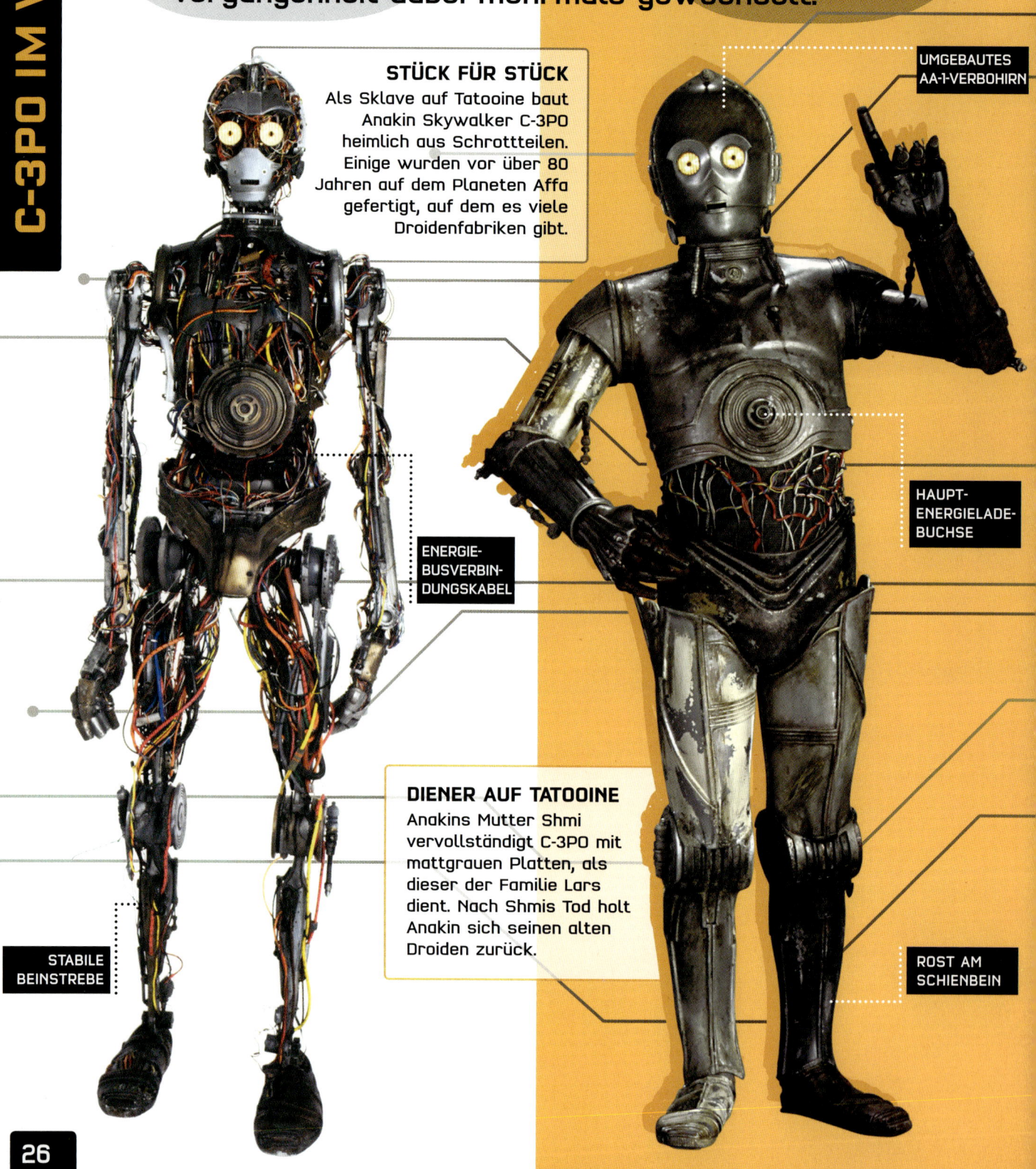

STÜCK FÜR STÜCK

Als Sklave auf Tatooine baut Anakin Skywalker C-3PO heimlich aus Schrottteilen. Einige wurden vor über 80 Jahren auf dem Planeten Affa gefertigt, auf dem es viele Droidenfabriken gibt.

UMGEBAUTES AA-1-VERBOHIRN

HAUPT-ENERGIELADE-BUCHSE

ENERGIE-BUSVERBIN-DUNGSKABEL

DIENER AUF TATOOINE

Anakins Mutter Shmi vervollständigt C-3PO mit mattgrauen Platten, als dieser der Familie Lars dient. Nach Shmis Tod holt Anakin sich seinen alten Droiden zurück.

STABILE BEINSTREBE

ROST AM SCHIENBEIN

DIENER EINER SENATORIN

Anakin schenkt C-3PO Padmé Amidala zur Hochzeit. Als Übersetzer einer Senatorin muss C-3PO bei wichtigen Sitzungen und vornehmen Diplomatentreffen erscheinen, daher lässt Padmé ihn vergolden.

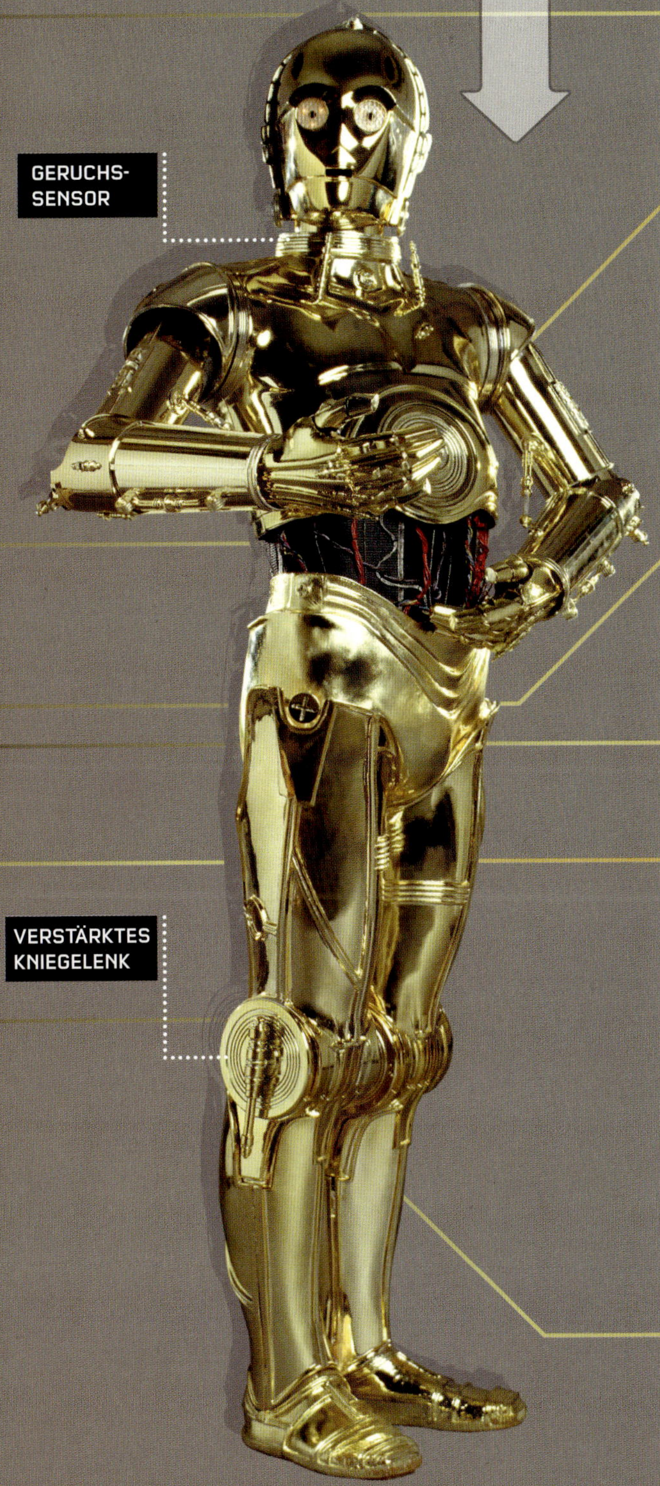

STARK STRAPAZIERT

Nach dem Fall der Republik wird C-3POs Gedächtnis gelöscht. Nun arbeitet er für die Rebellenallianz und muss oft mithilfe von Ersatzteilen repariert werden.

GERUCHS-
SENSOR

MOTORISIERTE
GELENK-
KUPPLUNG

VERSTÄRKTES
KNIEGELENK

AUSGETAUSCHTE
DROIDENPLATTE

KÖNIGIN AMIDALA
R2-D2 dient dem Königshaus von Naboo. Eines Tages rettet er Königin Padmé Amidala und steht fortan fest in ihren Diensten.

R2-D2

Der kleine Astromechdroide dient zwei Königshäusern, einem Feuchtfarmer, einem Hutt-Verbrecherlord und zwei Jedi. Er erfährt einige der größten Geheimnisse der Galaxis, behält sie aber für sich.

BAIL ORGANA
Nach Padmés Tod und Anakins Abkehr zur dunklen Seite dienen R2-D2 und C-3PO jahrelang Alderaans Herrscherfamilie Organa.

ANAKIN SKYWALKER
Padmé schenkt R2-D2 Anakin zur Hochzeit, damit der kleine Droide ihren Gemahl in seinem Jedi-Sternenjäger beschützt.

ANAKIN SKYWALKER
Auf Tatooine will Anakin den Droiden wieder-haben, den er als junger Sklave baute.

PADMÉ AMIDALA
Anakin schenkt C-3PO Padmé zur Hochzeit und hofft, der Droide kann ihr als Senatorin helfen.

SHMI SKYWALKER
Als Shmi Cliegg Lars heiratet, dient C-3PO auf der Feuchtfarm der Familie Lars.

ANAKIN SKYWALKER
Der junge Anakin baut heimlich C-3PO, damit dieser seiner Mutter Shmi im Haushalt hilft.

ZWEI DROIDEN –
VIELE BESITZER

R2-D2 und C-3PO trafen sich erstmals, als sie noch verschiedene Herren auf verschiedenen Planeten hatten. In den Klonkriegen kamen die beiden Droiden wieder zusammen und gehörten schließlich als Paar immer demselben Herrn.

JAWAS
Die Droiden fliehen mit der *Tantive IV* und werden in der Wüste Tatooines von einer Bande Jawas aufgegriffen.

LUKE SKYWALKER
Als imperiale Truppen Owen töten, wird sein Stiefsohn Luke Besitzer der Droiden.

PRINZESSIN LEIA
Die Droiden begleiten Bails Stieftochter Leia – die insgeheim Padmés Tochter ist – auf Missionen an Bord der *Tantive IV.*

OWEN LARS
Der Feuchtfarmer kauft C-3PO den Jawas ab. Wegen der goldenen Hülle erkennt er den alten Droiden seiner Familie nicht wieder.

JABBA DER HUTT
Um Han Solo zu retten, schenkt Luke die Droiden dem Gangster Jabba dem Hutt, der sie als Diener beschäftigt.

LUKE SKYWALKER
Nach ihrer Befreiung von Jabba dienen die Droiden Luke und seinen Freunden noch bei vielen Abenteuern.

C-3PO

Der aus Schrottteilen erbaute C-3PO hatte viele bedeutende Besitzer. Nach einer von Bail Organa befohlenen Gedächtnislöschung weiß C-3PO nicht mehr, dass er Zeuge großer Ereignisse der galaktischen Geschichte war.

WIE HELFEN
R2-D2 UND C-3PO
EINANDER?

R2-D2 UND C-3PO SIND ZWEI grundverschiedene Droiden: R2 sollte Piloten und Technikern mit ihren Raumschiffen helfen, C-3PO hilft Diplomaten und Politikern bei der Arbeit. Doch die beiden Freunde geraten oft gemeinsam in knifflige Situationen. Zum Glück ergänzen sich ihre einzigartigen Fähigkeiten, und gemeinsam befreien sie sich aus Schwierigkeiten.

DROIDENDATEN

■ R2-D2 spricht nur die binäre Standarddroidensprache. Dank seiner komplexen Programmierung versteht er jedoch eine Menge anderer Sprachen.

TEILE EINSAMMELN

C-3PO ist kein Kampfdroide. Umso entsetzter ist er, als sein Kopf vom Körper abgetrennt und auf einen Kampfdroiden geschweißt wird. Zum Glück kann R2-D2 C-3POs Metallkörper wieder zusammensetzen – ohne Rücksicht auf C-3POs ängstliches Klagen.

R2 ZU HILFE!

Mit seinem Sortiment von Werkzeugen kann R2-D2 so gut wie alles reparieren. Als C-3PO in der Wolkenstadt zerschossen wird, repariert R2-D2 seinen Freund gern. Aber erst richtet er noch schnell den Hyperantrieb des *Falken*, und alle an Bord entkommen Darth Vader.

WAHRE FREUNDSCHAFT

Nur wenige Lebewesen verstehen R2-D2s Pieps- und Pfeifsprache, doch für C-3PO sind die elektronischen Laute seines Freundes kein Problem. C-3PO übersetzt oft, was R2-D2 zu sagen hat, lässt aber höflich alle Bemerkungen weg, die zu grob sein könnten.

HÜTE DICH VOR DEN BOXENDROIDEN!

Boxendroiden sieht man gewöhnlich in Podrenn-arenen. Die kleinen Droiden sind stark und tun alles, was man ihnen sagt. Sie sind aber auch ein wenig tollpatschig. So haben sie gern Spaß bei der Arbeit und sind oft übermütig, was mitunter zu Unfällen führt.

LUFTPROBLEME
Die blockierten Triebwerke an Ebe E. Endecotts Podrenner müssen repariert werden. Während zwei Boxendroiden darüber diskutieren, wer wem dafür auf die Schulter steigt, aktiviert einer die Luftpistole eines dritten, die komprimierte Luft auf einen vierten ballert.

NUR GELIEHEN
Ebes Luftpistole hat keine Energie mehr, also borgen seine Droiden eine von Ody Mandrells Team. Odys Droiden brauchten sie doch nicht etwa selbst, oder?

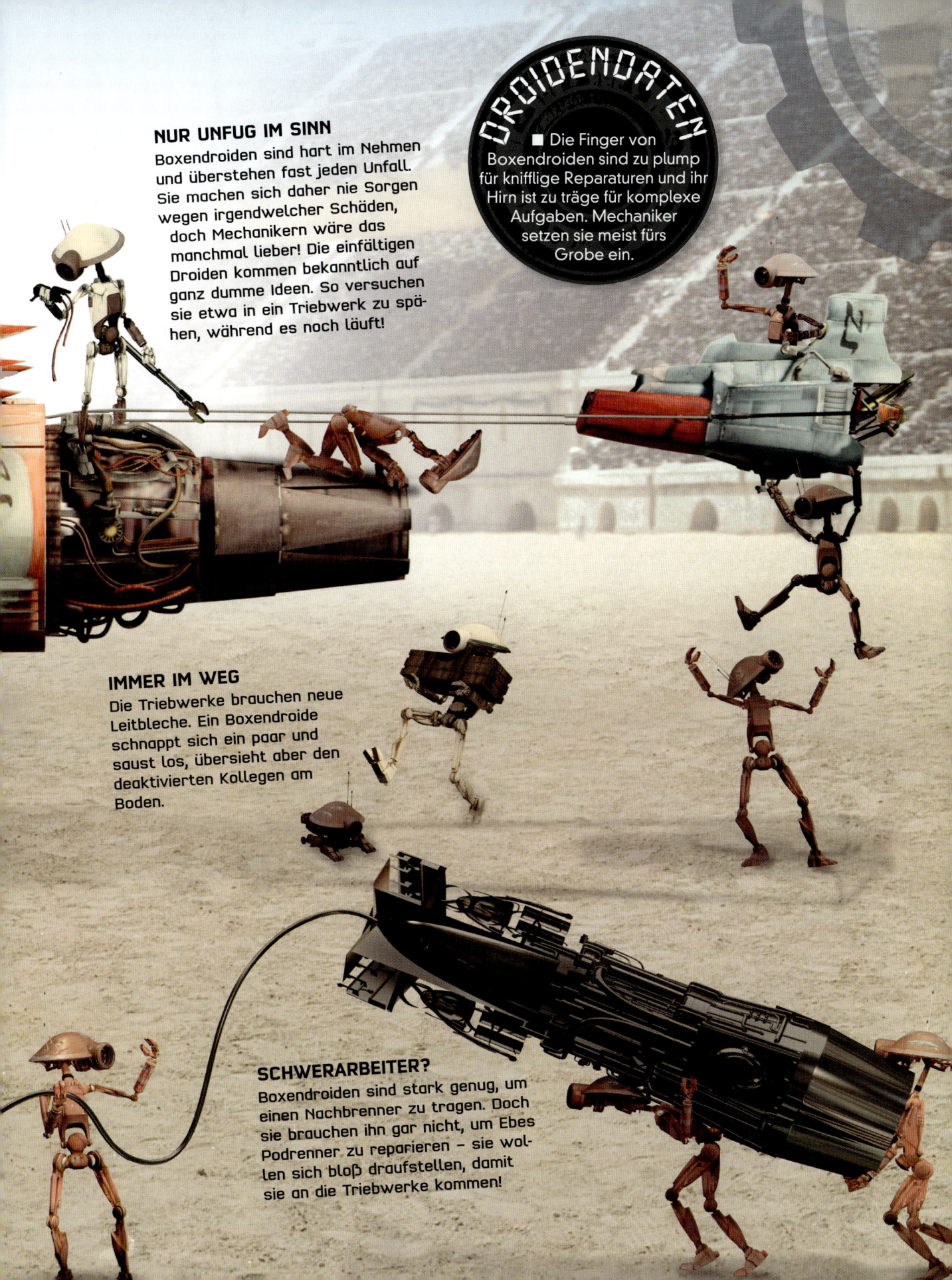

NUR UNFUG IM SINN

Boxendroiden sind hart im Nehmen und überstehen fast jeden Unfall. Sie machen sich daher nie Sorgen wegen irgendwelcher Schäden, doch Mechanikern wäre das manchmal lieber! Die einfältigen Droiden kommen bekanntlich auf ganz dumme Ideen. So versuchen sie etwa in ein Triebwerk zu spähen, während es noch läuft!

DROIDENDATEN

■ Die Finger von Boxendroiden sind zu plump für knifflige Reparaturen und ihr Hirn ist zu träge für komplexe Aufgaben. Mechaniker setzen sie meist fürs Grobe ein.

IMMER IM WEG

Die Triebwerke brauchen neue Leitbleche. Ein Boxendroide schnappt sich ein paar und saust los, übersieht aber den deaktivierten Kollegen am Boden.

SCHWERARBEITER?

Boxendroiden sind stark genug, um einen Nachbrenner zu tragen. Doch sie brauchen ihn gar nicht, um Ebes Podrenner zu reparieren – sie wollen sich bloß draufstellen, damit sie an die Triebwerke kommen!

GELENKE
SIND
ANFÄLLIG

ROGER, ROGER

Kampfdroiden-Kommandanten sind mit gelben Punkten auf Kopf und Brust markiert. Sie setzen normale Droiden im Kampf anhand von militärischen Strategien in ihren Datenbanken ein.

• FALTBARE GLIED-
MASSEN FÜR
TRANSPORTZWECKE

WÄCHTER

Sicherheitsdroiden sind rot markiert, funktionieren aber wie normale Kampfdroiden. Sie leisten an Bord von Schlachtschiffen der Separatisten oft Wachdienst.

SICHERHEITSDROIDE

Kampf-
DROIDEN

Kampfdroiden müssen nicht intelligent sein. Sie sind programmiert, um Befehle zu befolgen, und überwältigen Feinde, indem sie sie in großer Zahl angreifen. Egal wie viele man abschießt – die Separatisten bauen einfach immer mehr!

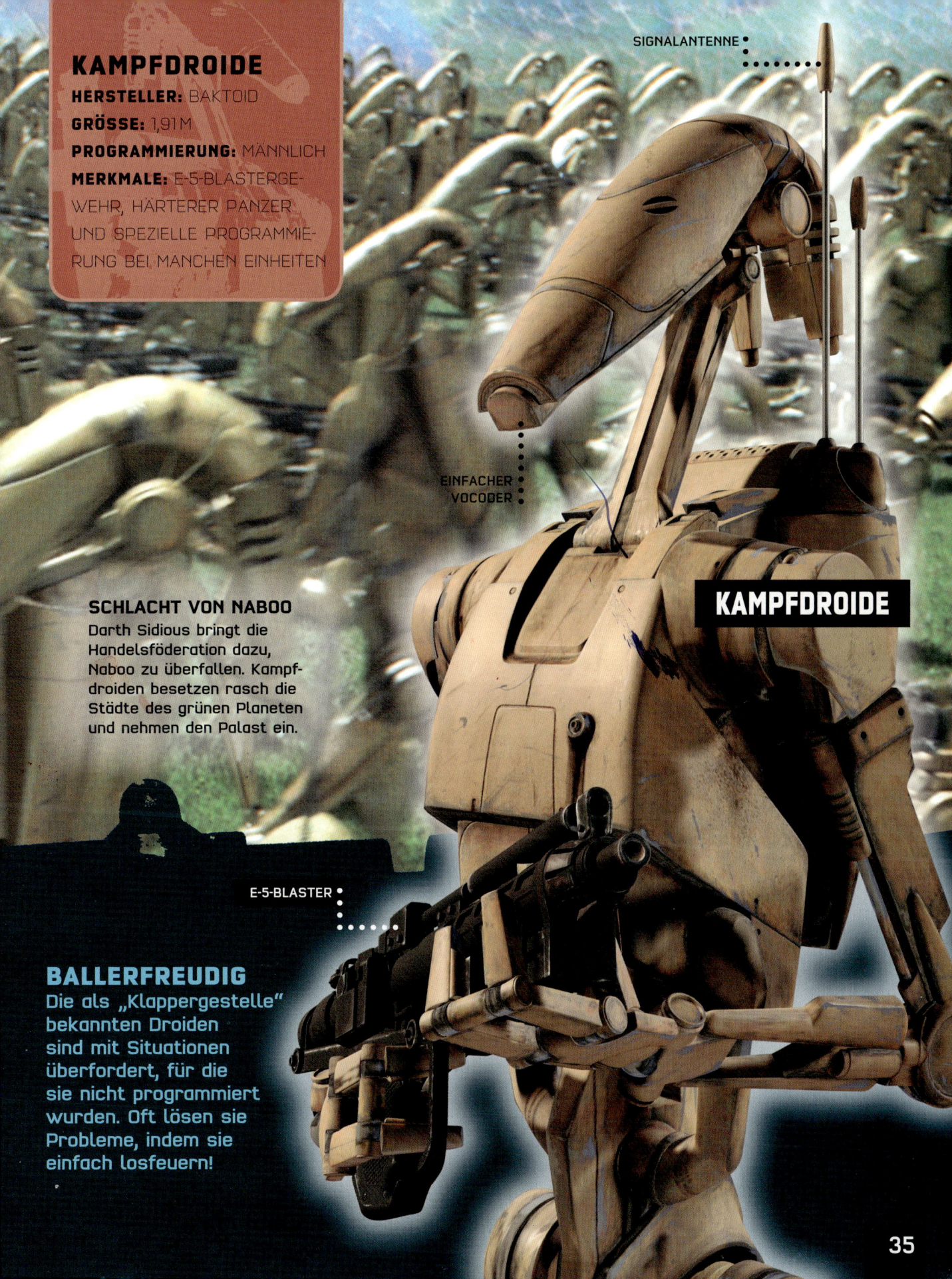

KAMPFDROIDE

HERSTELLER: BAKTOID
GRÖSSE: 1,91 M
PROGRAMMIERUNG: MÄNNLICH
MERKMALE: E-5-BLASTERGE-
WEHR, HÄRTERER PANZER
UND SPEZIELLE PROGRAMMIE-
RUNG BEI MANCHEN EINHEITEN

SIGNALANTENNE

EINFACHER
VOCODER

KAMPFDROIDE

SCHLACHT VON NABOO

Darth Sidious bringt die
Handelsföderation dazu,
Naboo zu überfallen. Kampf-
droiden besetzen rasch die
Städte des grünen Planeten
und nehmen den Palast ein.

E-5-BLASTER

BALLERFREUDIG

Die als „Klappergestelle"
bekannten Droiden
sind mit Situationen
überfordert, für die
sie nicht programmiert
wurden. Oft lösen sie
Probleme, indem sie
einfach losfeuern!

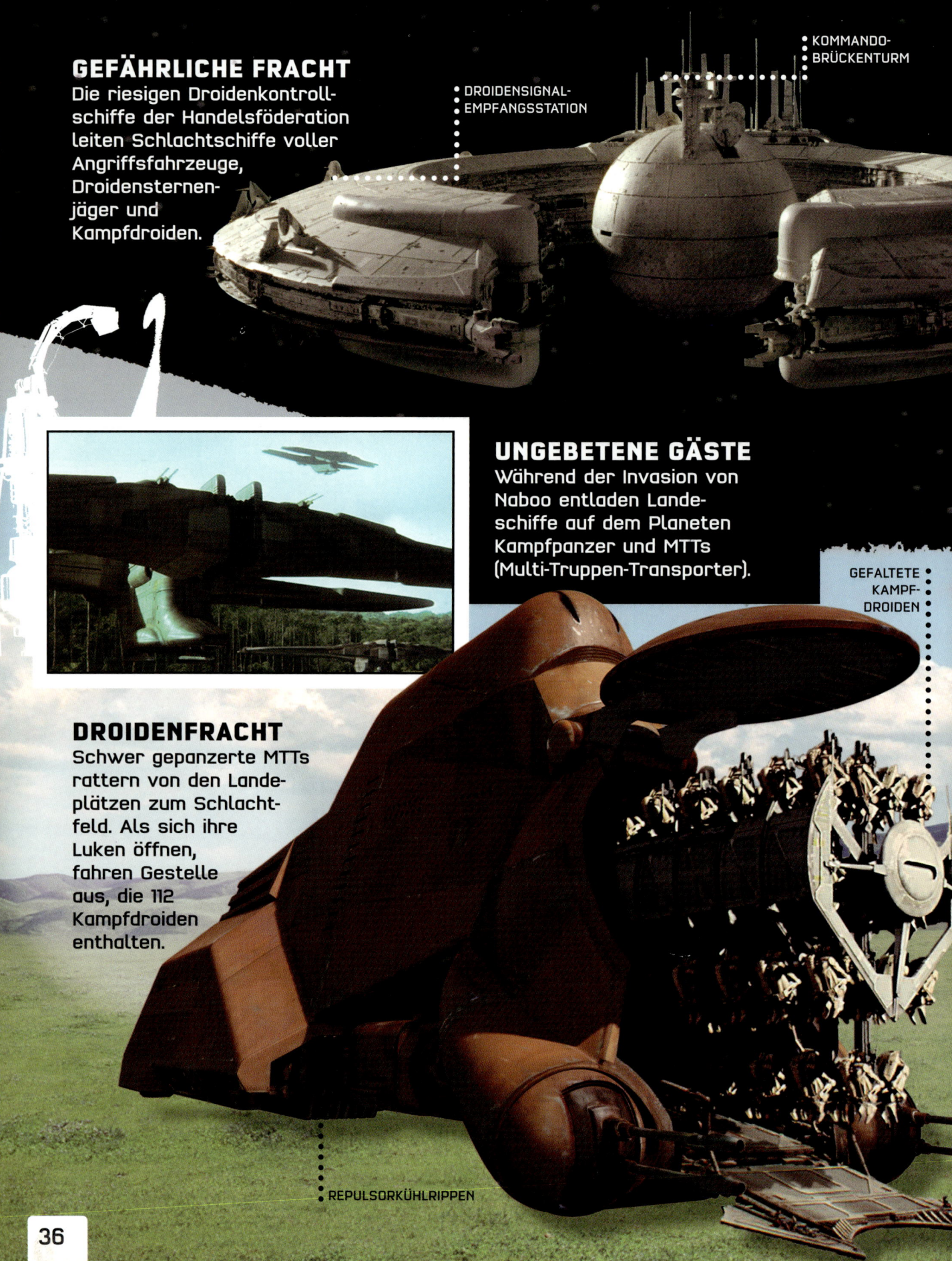

GEFÄHRLICHE FRACHT

Die riesigen Droidenkontroll-
schiffe der Handelsföderation
leiten Schlachtschiffe voller
Angriffsfahrzeuge,
Droidensternen-
jäger und
Kampfdroiden.

DROIDENSIGNAL-
EMPFANGSSTATION

KOMMANDO-
BRÜCKENTURM

UNGEBETENE GÄSTE

Während der Invasion von
Naboo entladen Lande-
schiffe auf dem Planeten
Kampfpanzer und MTTs
(Multi-Truppen-Transporter).

GEFALTETE
KAMPF-
DROIDEN

DROIDENFRACHT

Schwer gepanzerte MTTs
rattern von den Lande-
plätzen zum Schlacht-
feld. Als sich ihre
Luken öffnen,
fahren Gestelle
aus, die 112
Kampfdroiden
enthalten.

REPULSORKÜHLRIPPEN

Vorbereitung zur SCHLACHT

Als die Handelsföderation die Invasion von Naboo beschließt, nutzt sie ihre Erfahrungen im Fracht-transport dazu, Kampfdroiden rasch in Stellung zu bringen und einsatzbereit zu machen.

BEREIT ZUM LOSLEGEN

Die Gestelle entladen zusammen-geklappte Kampfdroiden. Ein Signal vom Droidenkontrollschiff bewirkt, dass die Droiden sich entfalten und auf die Schlacht vorbereiten – in weniger als 15 Sekunden.

- DROIDE WIRD NOCH IM TRANSPORT-MODUS GEFALTET ABGESETZT.

- ARME UND BEINE KLAPPEN AUF UND DER DROIDE CHECKT DIE GYROSYSTEME.

- IM STAND NIMMT DER DROIDE WEITERE SYSTEMCHECKS VOR.

- KOPF RASTET EIN UND DROIDE SENDET BEREIT-SCHAFTSSIGNAL AN KONTROLL-SCHIFF.

- DROIDE ZIEHT BLASTER UND ERWARTET BEFEHLE.

WARUM IST ES ZWECKLOS, EINEN KAMPFDROIDEN UM GNADE ZU BITTEN?

KAMPFDROIDEN SIND gefährlich. Sie sind nicht nur auf Vernichtung programmiert, sondern führen auch blind jeden Befehl aus. Zum Glück lassen sich die geistig und physisch schwachen Droiden von cleveren Jedi und gut ausgebildeten Klonsoldaten leicht außer Gefecht setzen.

GLEICHGESCHALTET
Kampfdroiden sind so programmiert, dass sie keine Gefühle haben, und als identische Roboter denken sie alle gleich. Es ist also völlig sinnlos, sie zu bitten, es sich noch mal zu überlegen!

NOCH NIE GEHÖRT

Logik und Vernunft bedeuten Kampfdroiden nichts. Wegen ihrer begrenzten Hirnkapazität können sie keine Informationen verarbeiten, die durch ihr enges Programmierraster fallen. Als Qui-Gon den Droiden erklärt, er brauche das Schiff, das sie bewachen, reagieren sie auf die unverständliche Information mit Angriff.

GNADENLOS

Haben Kampfdroiden einmal ihre Befehle erhalten, hören sie erst auf, wenn ihre Mission erledigt ist – oder sie vernichtet wurden.

WIE BESIEGT MAN
KAMPFDROIDEN?

DIE KAMPFDROIDEN der Handelsföderation sind zwar nicht die besten Soldaten, doch ihre Stärke liegt in der Masse. Die Gungans von Naboo kämpfen tapfer und können einzelne Kampfdroiden spielend schlagen, sind aber zahlenmäßig weit unterlegen. Will man die Droidenarmee besiegen, muss man das Signal, das sie steuert, abschalten.

DROIDENDATEN

■ Nach der Schlacht von Naboo programmieren die Separatisten Kampfdroiden so um, dass sie ohne Befehle eines Zentralcomputers kämpfen können.

LICHTSCHWERTENERGIE

Jedi wie Qui-Gon Jinn erledigen Kampfdroiden im Nu mit ihren Lichtschwertern. Doch gegen Tausende von diesen Metallsoldaten kann auch ein Jedi nicht gewinnen.

ZERSTÖRUNG DER KOMMANDOZENTRALE

Naboo-Piloten greifen im Orbit das Droidenkontrollschiff an. Als der junge Anakin Skywalker das Schiff in die Luft jagt, ist auch der Computer zerstört, der die Kampfdroiden steuert. Binnen Sekunden ist die furchterregende Armee der Handelsföderation nur noch ein Haufen Schrott!

EIN KLEINER SCHUBSER

Ohne das Signal vom Droidenkontrollschiff schalten die Kampfdroiden ab. Schon ein kleiner Schubser genügt und sie fallen zu Boden. Jubelnd stoßen die Gungans sie um!

41

Super-
KAMPFDROIDEN

Die besser als Superkampfdroiden bekannten B2-Kampfdroiden sind die Frontsoldaten der Separatisten. Sie sind groß, robust und stumpfsinnig und marschieren oft voran, um sich durch feindliche Truppen und alles, was ihnen sonst im Weg ist, zu schlagen.

GROSSER FEHLER!
Superkampfdroiden halten kleinere Droiden für schwach und nutzlos. Das erweist sich als großer Fehler, als R2-D2 zwei von ihnen mit Öl besprüht und mit seinen Schubdüsen in Brand setzt. Das wird ihnen eine Lehre sein!

NICHT UNBESIEGBAR
Der dicke Panzer der Superkampfdroiden weist Blasterfeuer leicht
ab. Doch anfällig sind sie für
Lichtschwerter und sogenannte
Droidenkracher, die ihre Elektronik
ausschalten und sie lähmen.

SCHNELLFEUER-
DOPPELLASER-
KANONE

KOGNITIVMODUL

MUSKEL-
MASCHINE
Die Separatisten
bauten B2-
Droiden, um
die Schwächen
normaler Kampf-
droiden wettzu-
machen. Panzerung
und Blaster eines B2
sind stärker und er
ist nicht auf ein Kont-
rollsignal angewiesen.

MITTELSEKTION MIT
FLEXIBLER PANZERUNG

SUPERKAMPF-
DROIDE
HERSTELLER: BAKTOID
GRÖSSE: 1,93 M
PROGRAMMIERUNG: MÄNNLICH
MERKMALE: SENSOREN,
KOMMUNIKATIONSGERÄT,
EINGEBAUTE BLASTER

Wie entstehen
DROIDEN?

Fabriken auf dem Planeten Geonosis produzieren für die Handelsföderation neue Armeen von Kampfdroiden. In Hitze und Lärm überwachen Droiden und geonosianische Drohnen die Montagebänder, die unablässig Maschinen erschaffen.

1 ROHSTOFFE

Die Geonosianer gewinnen Gestein aus dem Ring um ihren Planeten. Gewaltige Maschinen zerkleinern es, Superlaser schmelzen es und brennen Verunreinigungen heraus, und das geschmolzene Erz wird in riesigen Formen zu Droidenteilen gegossen.

SCHWARMARBEITER

Die insektenartigen Geonosianer leben in Stöcken. Geonosianische Fabrikarbeiter sind meist Drohnen, die Befehle nie infrage stellen und kaum selbstständig denken.

DROIDENDATEN

■ Die Droidenfabriken auf Geonosis sind viel kleiner als die Riesenwerke auf alten Droiden produzierenden Planeten wie Affa, Mechis, Telti und Cyrillia.

2 ÜBERWACHUNG

Geonosianische Arbeiter und spezialisierte Drohnen überwachen die Montagebänder und suchen nach Problemen, die die Produktion stoppen könnten. Sichtet ein KST-Droide, der normalerweise Materialien transportiert, einen unbekannten Droiden, entfernt er ihn vom Fließband.

> "Maschinen erschaffen Maschinen. Wie pervers!"
>
> C-3PO

Die fertig gegossenen Droidenteile werden auf Fließbändern durch die Fabrik befördert. Maschinen verbinden sie und bauen zusätzliche komplizierte Systeme ein.

3 FLIESSBÄNDER

4 IN GANG HALTEN

Ein Neustart der Fließbänder ist zeitraubend. Die Fertigungsstraße stoppt daher nur bei großen Problemen. Bei kleinen Fehlern wie einem falschen Kopf werden die Maschinen gar nicht erst angehalten!

5 QUALITÄTSPRÜFUNG

Normalerweise prüfen Aufseher fertige Droiden und sortieren Fehlstücke aus. Doch Geonosis wird angegriffen und als bei C-3PO und einem Kampfdroiden Köpfe und Körper vertauscht werden, schickt man die ganze Produktion direkt in die Schlacht!

TERROR AUF RÄDERN
Droidekas klappen Arme, Kopf und Beine zu einem Rad zusammen. Dann greifen sie mit beängstigender Geschwindigkeit rollend ihre Feinde an.

GEONOSIS-ARENA
In der Schlacht von Geonosis erweisen sich Droidekas als beachtliche Gegner der Jedi. Doch den republikanischen Kanonenbooten halten ihre starken Schilde nicht stand.

DROIDEKA
HERSTELLER: COLICOIDEN
GRÖSSE: 1,83 M
PROGRAMMIERUNG: NEUTRAL
MERKMALE: ENERGIESCHILDE, STRAHLUNGSSENSOREN

DROIDEKAS

Diese offiziell Zerstörerdroiden genannten, dreibeinigen Droiden bilden die stärksten Einheiten der Separatistenarmee. Klonsoldaten fürchten ihre Schnellfeuerkanonen und undurchdringlichen Energieschilde – selbst Jedi-Ritter haben Respekt vor Droidekas.

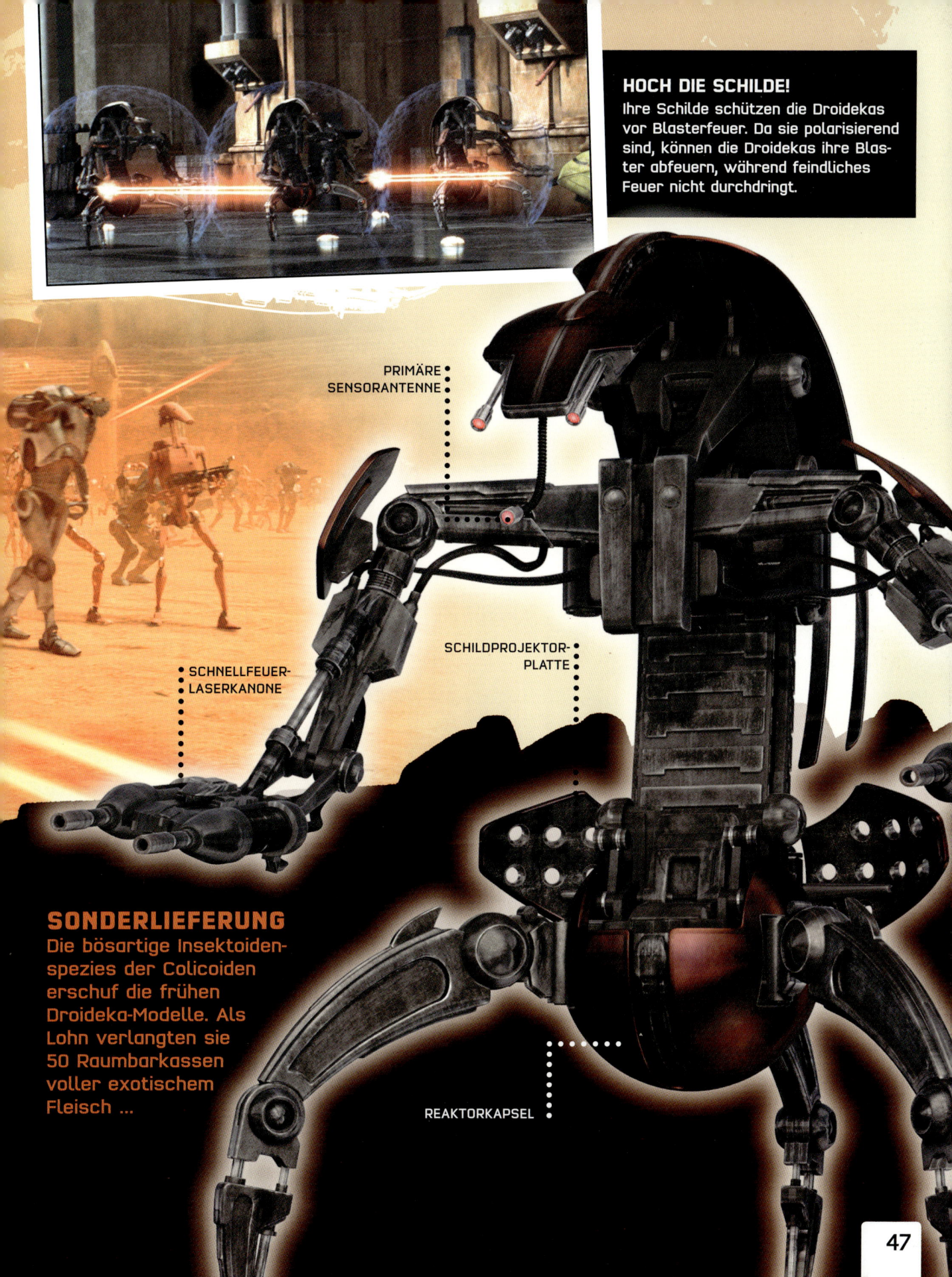

HOCH DIE SCHILDE!

Ihre Schilde schützen die Droidekas vor Blasterfeuer. Da sie polarisierend sind, können die Droidekas ihre Blaster abfeuern, während feindliches Feuer nicht durchdringt.

PRIMÄRE
SENSORANTENNE

SCHILDPROJEKTOR-
PLATTE

SCHNELLFEUER-
LASERKANONE

SONDERLIEFERUNG

Die bösartige Insektoiden-spezies der Colicoiden erschuf die frühen Droideka-Modelle. Als Lohn verlangten sie 50 Raumbarkassen voller exotischem Fleisch ...

REAKTORKAPSEL

Schlacht von
GEONOSIS
22 VSY

RAKETENWERFER
MAGNETIMPULS-ANTRIEB

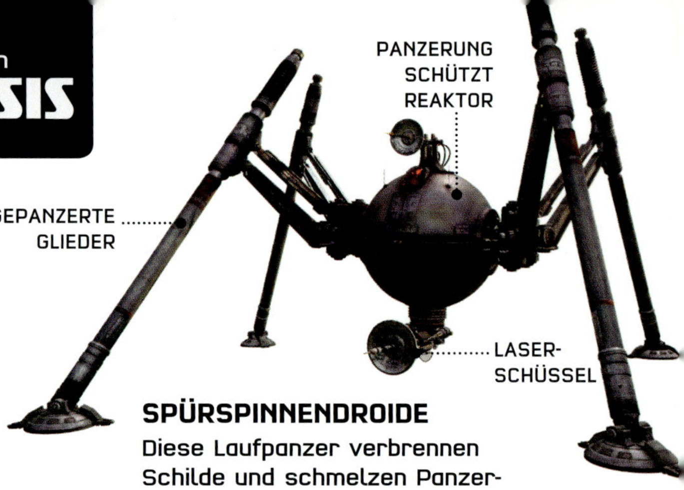

PANZERUNG SCHÜTZT REAKTOR
GEPANZERTE GLIEDER
LASER-SCHÜSSEL

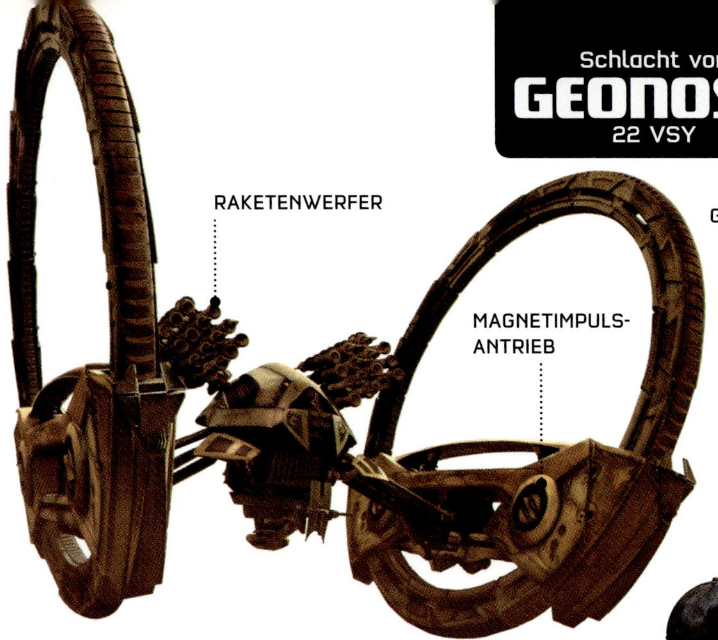

SPÜRSPINNENDROIDE

Diese Laufpanzer verbrennen Schilde und schmelzen Panzerrüstungen mit starken Peillasern. Soldaten der Republik zielen auf ihre Schwachstelle: die Beine.

FEUERHAGELDROIDE

Mit ihren Raketenwerfern sind Feuerhageldroiden tödliche Gegner. Sie denken kaum selbstständig und rollen mit einer vorprogrammierten Zielliste in die Schlacht.

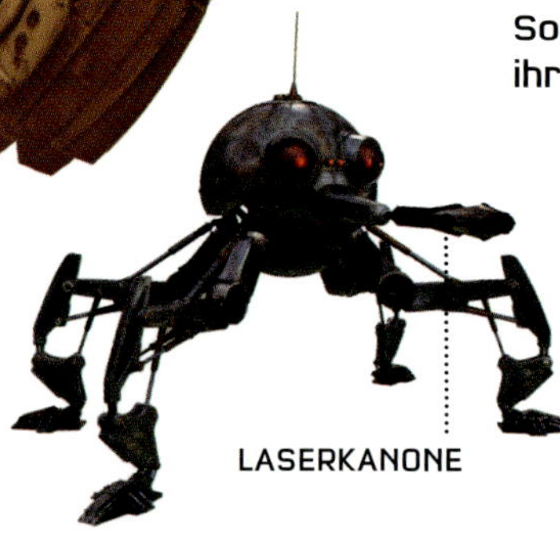

LASERKANONE

ZWERGSPINNENDROIDE

Zwergspinnendroiden können im Dunkeln sehen und unter Wasser arbeiten. Sie sind zwar nicht übermäßig schlau, denken aber selbstständig und lehnen zuweilen gefährliche Missionen ab.

SCHLACHTFELD-DROIDEN

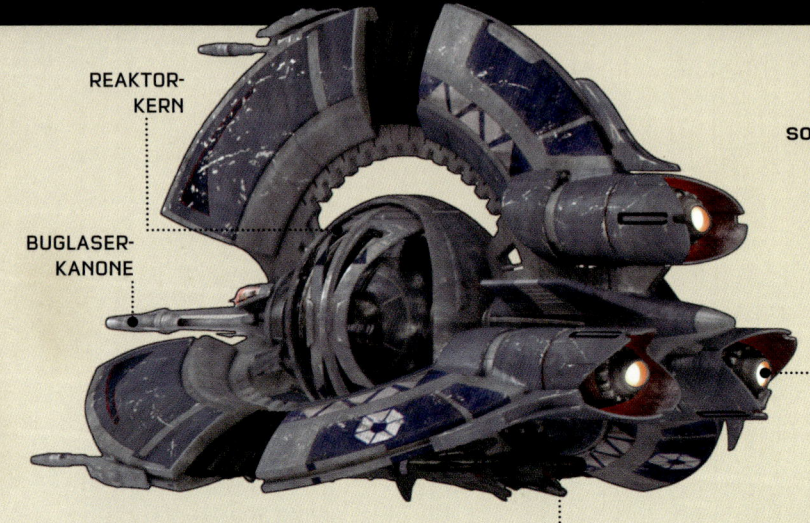

REAKTOR-KERN
BUGLASER-KANONE
IONENANTRIEB
LENKRAKETE MIT BUZZ-DROIDEN

BUZZ-DROIDE

Diese kleinen Saboteure sollen Jäger der Republik beschädigen. Manche Piloten stürzen ab oder werden abgeschossen, wenn sie die Droiden vertreiben wollen.

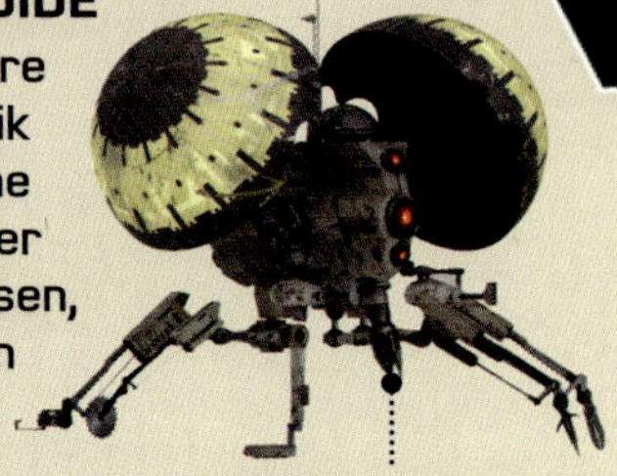

PANZER DURCHDRINGENDER BOHRER

TRI-DROIDENJÄGER

Diese spät in den Klonkriegen eingeführten Droidenjäger sind schwer bewaffnet, schnell und leicht manövrierbar. Sie kämpfen mit Blasterkanonen, Raketen und Projektilen, die Buzz-Droiden enthalten.

LAUFFLÜGEL
DROIDEN-HIRN

GEIERDROIDE

Geier sind in Weltraumschlachten zwar nicht so effektiv wie Tri-Jäger, doch billiger zu bauen und leichter zu reparieren. Am Boden laufen sie auf ihren Flügeln.

Schlacht von
CORUSCANT
19 VSY

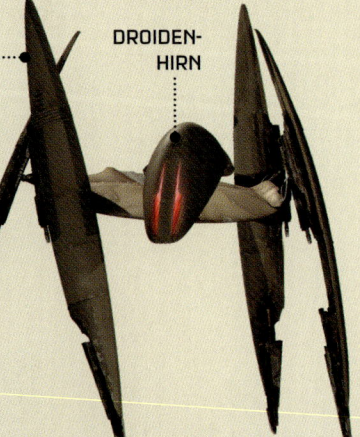

Schlacht von UTAPAU
19 VSY

KOGNITIV-MODUL
ROTIERENDES LASERGESCHÜTZ
KANN KOPF-ÜBER HÄNGEN.

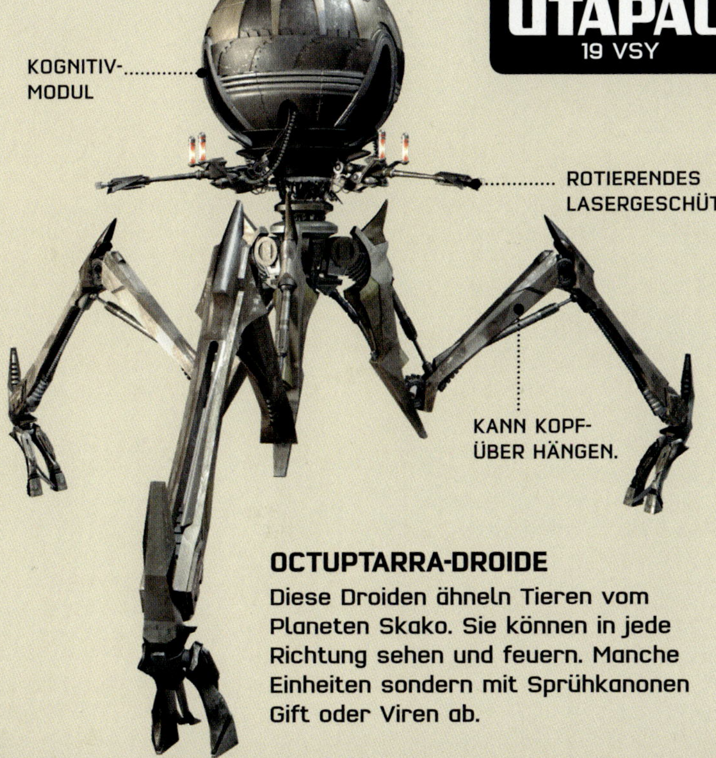

OCTUPTARRA-DROIDE

Diese Droiden ähneln Tieren vom Planeten Skako. Sie können in jede Richtung sehen und feuern. Manche Einheiten sondern mit Sprühkanonen Gift oder Viren ab.

SENSORFÜHLER
DURANIUM-KLAUEN
SENSORLEUCHTE
WÄRMEABLASS

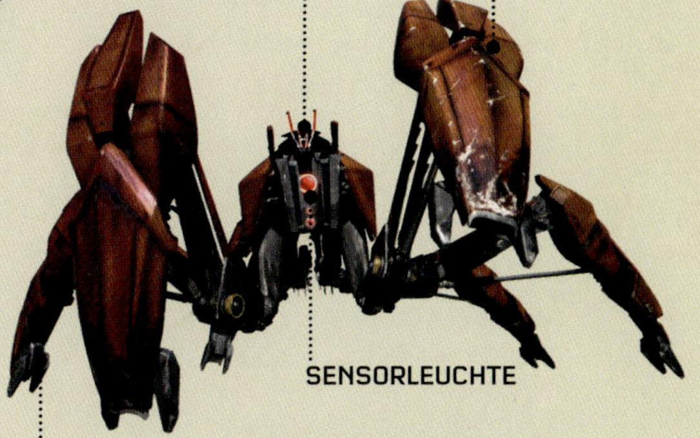

KRABBENDROIDE

Krabbendroiden huschen mit ihren kräftigen Gliedmaßen über Felsen oder durch Sümpfe. Doch ihr Kopf ist schlecht gepanzert – Klonsoldaten springen auf sie und feuern auf diese Schwachstelle.

Da die Separatisten Angst vor Verletzungen haben, halten sie sich möglichst vom Schlachtfeld fern und lassen Droiden für sie kämpfen. Viele separatistische Kriegsmaschinen sind Riesenroboter, die selbstständig an Land und im Weltall kämpfen.

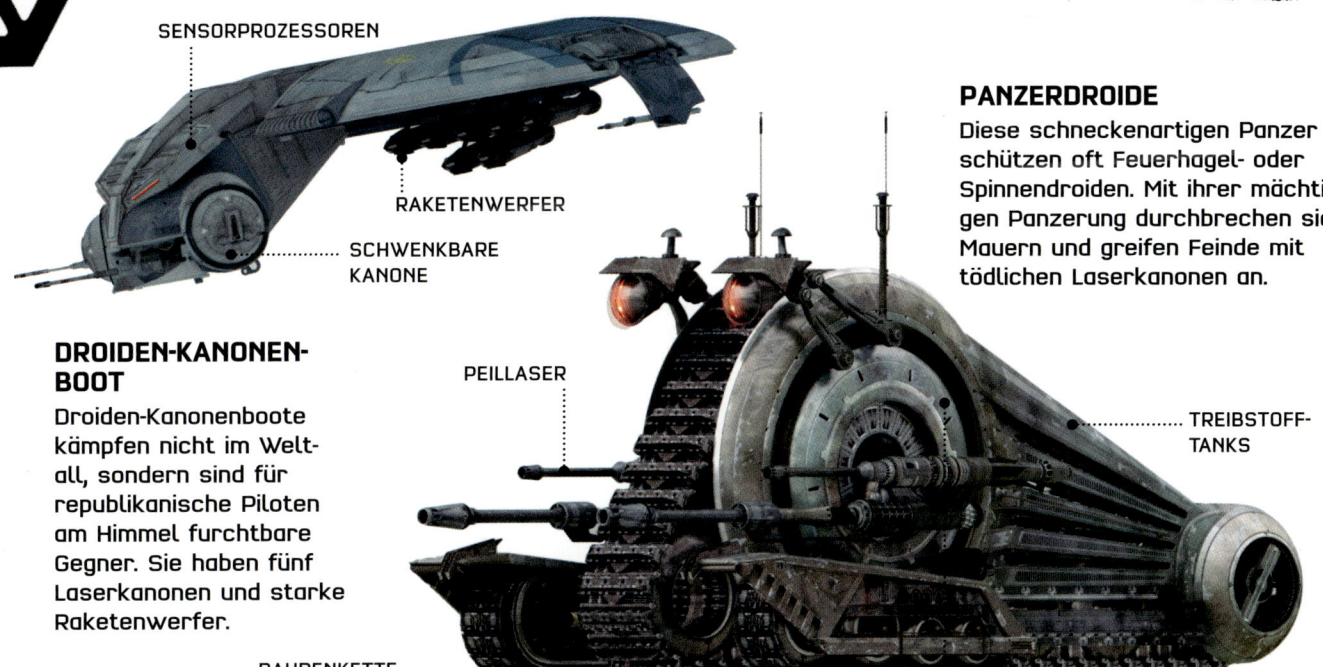

SENSORPROZESSOREN
RAKETENWERFER
SCHWENKBARE KANONE

DROIDEN-KANONEN-BOOT

Droiden-Kanonenboote kämpfen nicht im Weltall, sondern sind für republikanische Piloten am Himmel furchtbare Gegner. Sie haben fünf Laserkanonen und starke Raketenwerfer.

PEILLASER
TREIBSTOFF-TANKS
RAUPENKETTE
ANTRIEBSACHSNABE

PANZERDROIDE

Diese schneckenartigen Panzer schützen oft Feuerhagel- oder Spinnendroiden. Mit ihrer mächtigen Panzerung durchbrechen sie Mauern und greifen Feinde mit tödlichen Laserkanonen an.

Schlacht von KASHYYYK
19 VSY

WARUM IST DIE
SEPARATISTENARMEE
SO STARK?

DIE SEPARATISTEN SIND im Krieg gegen die Republik in mehrfacher Hinsicht im Vorteil. Erstens können sie Planeten mit Unmengen an Kampfdroiden überrennen. Zweitens haben sie viel Geld, um riesige Fabriken für den Bau neuartiger Droiden zu betreiben. Und drittens können die Separatistenanführer sich darauf verlassen, dass ihre Droidensoldaten Befehle ausführen, ohne Fragen zu stellen.

WEITAB VOM SCHUSS
Separatistenkommandanten erteilen Befehle von Droidenkontrollschiffen aus. Werden Kampfdroiden am Boden angegriffen, ist das Kommandozentrum im All sicher und kann die Droiden neu formieren und Verstärkung schicken.

VERSCHIEDENARTIGE DROIDEN

Die Separatisten setzen für den Kampf
an Land, in der Luft und unter Wasser
verschiedenartige Droiden ein. Panzer-,
Krabben- und Spinnendroiden können sogar
an Land wie auch unter Wasser kämpfen!

1 **RAKETEN STARTEN!**
Geierdroiden und Tri-Jäger sind mit Lenkraketen bestückt, die sieben Buzz-Droiden in einer Panzerhülle enthalten. Die Raketen sind extrem schnell und manövrierfähig und nehmen es selbst mit den besten Jedi-Piloten auf.

BUZZ-DROIDEN
IM EINSATZ

Den extrem gefährlichen Colicoiden kam die Idee für ihre Buzz-Droiden, als sie beobachteten, wie kleine Reparaturdroiden auf Frachtschiffen herumkrabbelten und sie instand setzten. Buzz-Droiden sind allerdings genau für das Gegenteil programmiert. Sie werden mit Raketen gestartet, umschwärmen Schiffe der Republik und bohren, brennen und sägen sich durch deren Rümpfe und Systeme, bis sie nur noch Schrott sind.

2 DROIDEN AUSSETZEN!

Ist die Rakete einem Schlacht-
schiff oder einer Sternenjäger-
staffel der Republik nahe genug,
explodiert sie und setzt
Buzz-Droiden aus.

3 ZIEL ERFASST!

Die Buzz-Droiden haben
einfache Sensoren und
manövrieren mit kleinen Düsen.
Im Weltall folgen sie dem nächst-
besten Signal, um ein Republikschiff
finden und zerlegen zu können.

4 ANS WERK!

Hat ein Buzz-Droide
ein Ziel erkannt,
fährt er seine Beine aus, platzt
aus der Schale und hängt sich
mit seinen Magnetfüßen an
ein Schiff. Er huscht über den
Rumpf bis zu einer Schwachstelle und macht sich dann mit
Zangen und Bohrern ans Werk.

5 AUFTRAG ERLEDIGT!

Die Datenspeicher von Buzz-Droiden sind voller
Informationen über feindliche Schiffe und ihre
Schwachstellen. Die Droiden arbeiten in Schwärmen und zer-
legen die Systeme des Schiffs, bis ihr Ziel nur noch ein Haufen
Schrott ist, der nun für immer durch die Leere des Alls treibt.

WARUM SIND GEIERDROIDEN SO GEFÄHRLICH?

GEIERDROIDEN SIND im Weltall und am Boden furchtbare Feinde. Im All belagern diese rasanten Droidenjäger Schiffe der Republik wie Insektenschwärme und überwinden ihre Abwehr. An Land können sie im Laufmodus ihre Flügelspitzen wie Füße benutzen. In dieser Konfiguration bewachen sie Kampfschiffe und verteidigen sogar Bodeneinheiten der Separatisten.

RASANTES TEMPO
Geierdroiden folgen simplen Strategien. Sie sind nicht so klug wie echte Piloten, haben aber viel bessere mechanische Reflexe, und ihre Droidenhirne helfen im gemeinsamen Kampf gegen feindliche Schiffe.

ALLZEIT BEREIT
Im Laufmodus bewachen Geierdroiden Kampfschiffe der Separatisten, statt in Hangars zu warten.
Kommen feindliche Sternenjäger zu
nahe, können die Droiden innerhalb
weniger Sekunden in den Flugmodus
umschalten und starten.

Ein Tag im Leben eines
DROIDENHÄNDLERS

Droidenhändler suchen stets nach Schnäppchen – und Kunden, die sie übers Ohr hauen können! Watto prahlt damit, ein gutes Gespür für Maschinen, ein Händchen für Werkzeuge und einen Laden voller Ersatzteile zu haben.

1 LADEN AUFRÄUMEN

Wattos Laden wirkt chaotisch, doch der Toydarianer weiß genau, wo etwas ist. Er würde fuchsteufelswild, wenn sein Sklave Anakin Skywalker ihn durcheinanderbrächte.

DROIDENDATEN
■ Watto war Soldat auf Toydaria, bevor er auf Tatooine bei einer Gruppe von Jawas den Droidenhandel erlernte. Dann eröffnete er seinen eigenen Schrott-handel.

2 SCHNÄPPCHEN MACHEN

Kaputte Droiden findet man auf Tatooine zuhauf in den Straßen oder in Teilen auf dem Markt. Ein guter Händler erkennt mit einem Blick, ob ein Droide reparabel oder bloß noch Schrott ist.

„Kein Geld, keine Ersatzteile, kein Geschäft!"

Watto

3 REPARIEREN

Watto repariert kaputte Droiden mit Ersatzteilen von seinem Schrottplatz. Sein Schweißdroide setzt sie wieder zusammen, damit sie verkauft werden können.

4 ÖLBAD

Reparierte Droiden werden in ein Ölbad getaucht, damit sie nicht mehr quietschen und wie neu glänzen. Ölflecken verdecken auch Schäden, deren Reparatur für Watto zu teuer ist.

5 FEILSCHEN

Reparieren lohnt sich nur, wenn es Profit abwirft. Watto verhandelt hart mit Kunden, besonders wenn er weiß, dass kein anderer in der Stadt hat, was sie wollen.

TRÄUME UND PLÄNE

Watto kann sich von Reparatur und Verkauf von Droiden und anderem Schrott in Mos Espa ein anständiges Leben leisten. Doch er träumt stets vom großen Verkaufserfolg und Reichtum.

DROIDEN IM ANGEBOT

Für alles gibt es einen perfekten Droiden. Brauchst du einen Fabrikaufseher? Eine Kamera, die dein Podrennen filmt? Einen Lader für schwere Lasten? Hier findest du alle verlässlichen mechanischen Helfer!

SCHWEBEVERLADER
Beim Umladen von Fracht von einem Schiff zum anderen lässt dich dieser schlichte, starke Droide nie im Stich.

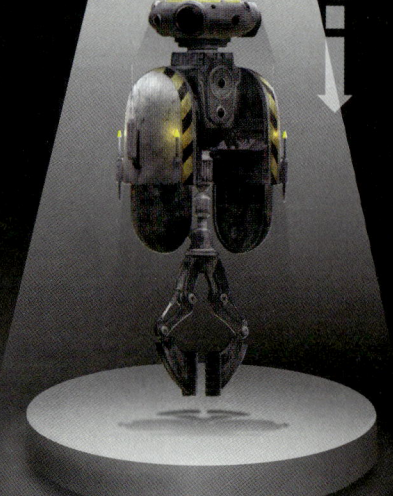

PK-ARBEITSDROIDE
Diesen belastbaren Droiden kann man programmieren, ständig das Gleiche zu tun – egal wie eintönig es ist!

BINÄRER LASTENHEBER
Dieser für Schwertransporte programmierte binäre Lastenheber wird dir alle schweren Lasten abnehmen.

KAMERADROIDE
Zeichne wichtige Ereignisse mit deinem Kameradroiden auf! Er überträgt gestochen scharfe Bilder auf mehrere Bildschirme.

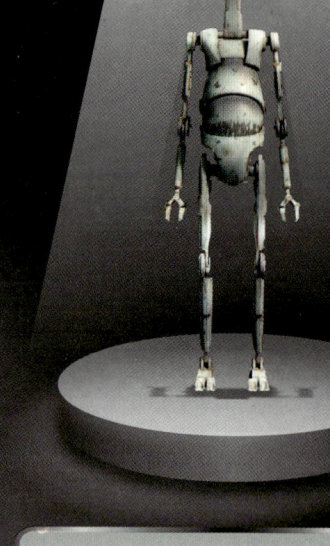

GNK-ENERGIEDROIDE
Nie wieder ohne Saft und Kraft! Dieser Energiedroide versorgt Schiffe, Maschinen und andere Droiden.

WARTUNGSDROIDE
Der Otoga-222 erledigt verschiedenste Arbeiten. Dieser auf Neugier programmierte Droide ist stets lernbereit.

BOXENDROIDE
Die Reparatur eines Podrenners ist für Boxendroiden ein Kinderspiel. Sie arbeiten hart – und sind billig!

KST-DROIDE
Dieser Droide für Kurzstreckentransporte bewegt in Fabriken Massengut und überwacht Montagebänder.

ANALYSEDROIDE
Dieser für jede Datenanalyse geeignete Droide hat Sensoren und Zugang zu Computerdatenbanken.

PORTALDROIDE
Halte mit diesem Droiden unerwünschte Gäste fern! Er besitzt ein Kameraauge und einen Vokabulator.

SPRENGDROIDE
Dieser für Baustellen unerlässliche und robuste Droide setzt Sprengladungen und zündet sie.

RAUPENDROIDE
Speziell für einfachste Reparaturarbeiten ist der geschickte und robuste Raupendroide erste Wahl.

ROLODROIDE
Willst du deine Sklaven im Auge behalten? Dieser modifizierte PK-Droide bewacht dein Eigentum.

MAUSDROIDE
Dieser kleine Droide überbringt Nachrichten und kann Wache stehen oder Besucher begleiten.

ERKUNDUNGS-DROIDE
Dieser schwebende Droide sammelt vielfältige Daten von unbekannten Welten.

So kauft man einen
DROIDEN

Gebrauchte Droiden sind preiswert – aber Vorsicht! Unehrliche Händler verkaufen oft beschädigte oder falsch programmierte Ware. Wähle deinen Droiden also sorgfältig aus.

1. SCHAUE DICH ERST UM

Bevor du zu feilschen beginnst, solltest du dir alle Waren ansehen, ohne den Händler wissen zu lassen, woran du interessiert bist. Bist du zu kauffreudig, versteckt er vielleicht ein günstigeres Modell hinten im Sandkriecher und du musst mehr ausgeben als nötig.

REPARATUR-RAUPENDROIDE

2. FRAGE NACH DETAILS

Frage den Händler nach der Herkunft der Ware – oder den Droiden selbst, wenn er sprechen kann. Aber denke daran, dass Droiden zuweilen programmiert sind zu lügen. Ist dieser Protokolldroide mit der goldenen Hülle wirklich Experte im Programmieren von binären Lastenhebern?

R2-D2

3. SIEH GENAU HIN

Ein äußerlich einwandfreier Droide kann innen ganz anders aussehen. Halte die Augen auf und suche nach Getriebeschäden, losen Kabeln oder einem defekten Motivator. Ist der Händler gegen eine genaue Untersuchung, frage dich, was er verbergen will.

4. VERMEIDE FEHLKÄUFE

Lasse dir ein Rückgaberecht einräumen, falls etwas nicht stimmt. Gibt es ein Problem, zögere nicht – Rückerstattung oder Umtausch sind schwierig, wenn der Sandkriecher erst einmal zur nächsten Feuchtfarm weitergerollt ist.

> **„Onkel Owen! Dieser R2 hat einen defekten Motivator!"**
>
> **Luke Skywalker**

R5-D4

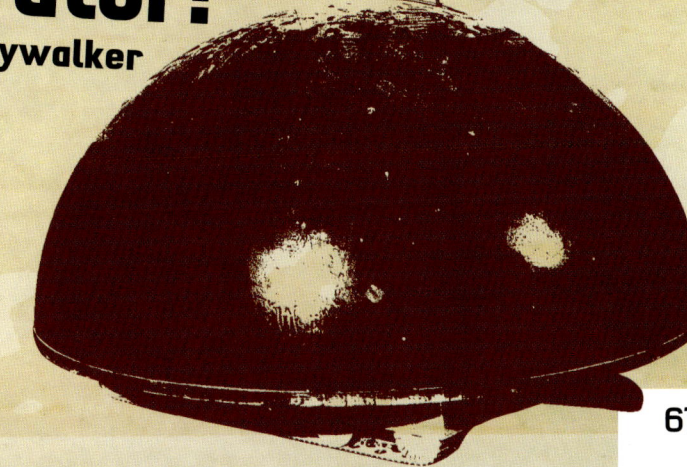

LIN-SPRENGTECHNIK-
BERGBAUDROIDE

WARUM IST DAS
DROIDENLEBEN
SO HART?

NUR WENIGE Droiden in der Galaxis genießen eine Freiheit, wie sie viele Lebensformen für selbstverständlich nehmen. Einige Besitzer halten ihre Droiden wie Sklaven und werfen sie weg, wenn sie sie nicht länger brauchen. Ihnen bleibt nur die Hoffnung, von freundlichen Herren gekauft zu werden.

KRIEGSOPFER
Der Krieg zerstört Millionen Droiden – Kampfdroiden, die anstelle von Lebewesen kämpfen, oder Astromechs, die in Weltraum-schlachten geraten. In der Schlacht von Coruscant reißen Buzz-Droiden der armen R4-P17, Obi-Wan Kenobis Astromech, den Kopf ab.

BESITZERWECHSEL
Auch freundliche Herren behandeln Droiden wie Besitztümer. C-3PO ist schockiert, als Luke ihn und R2-D2 Jabba dem Hutt überlässt. Doch das gehört zu Lukes Plan, Han Solo zu retten.

STÄNDIG IN GEFAHR
Manche Wesen quälen gern wehrlose Droiden, aber zuweilen sind diese auch selbst grausam oder tun wegen Programmierstörungen schreckliche Dinge. Unter Jabbas Palast ist ein düsteres Verlies, wo Droiden andere Droiden leiden lassen. Auch 8D8 soll Droiden in Schrecken versetzen. Mit glühendem Eisen lässt er einen GNK-Energiedroiden vor Angst kreischen!

Service-
DROIDEN

Servicedroiden sollen Lebewesen bei kleinen, aber wichtigen Aufgaben helfen. Sie müssen fähig sein, sich klar und höflich zu verständigen und Anweisungen sofort zu befolgen.

MIETSCHLEPPER

Rikschadroiden sind eigentlich Arbeitsdroiden, die für viele Zwecke eingesetzt werden und nicht nur Fahrzeuge ziehen. Reisende sollten sich vor Droiden hüten, die programmiert sind, durch Umwege den Fahrpreis zu erhöhen.

RIC-RIKSCHA-DROIDE

STARKE GREIFER

ANTRIEBSRAD MIT GLEICHGE-WICHTSGYRO

RAUMHAFENDIENER

FA-5-Droiden sieht man meist in Raumhäfen – als Gepäckträger oder Flugvermittler für Reisende. Oft tragen sie die Insignien von Shuttlefirmen. Mancher FA-5 arbeitet auch in Privathäusern als Butler oder Diener.

PFEIFFUNKTION ZUM RUFEN VON SHUTTLES

FA-5-DIENER-DROIDE

LEUCHTANZEIGE SIGNALISIERT, OB DROIDE FREI IST.

WETTERFEST

Rikschadroiden ziehen oft überdachte zweisitzige Rikschas. Reisende sind froh, vor Sonne oder Regen geschützt zu sein, während dem Droiden das Wetter nichts ausmacht.

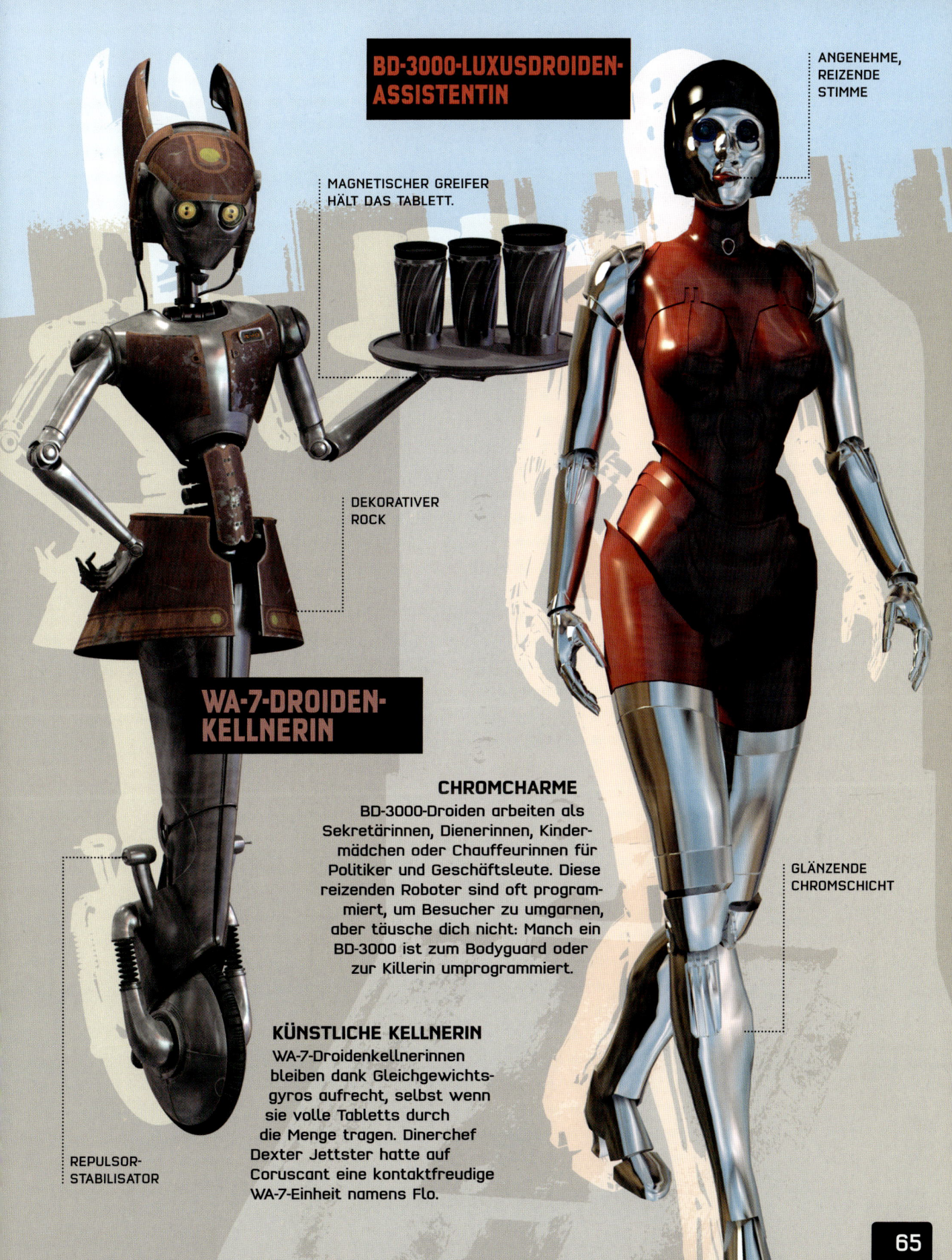

BD-3000-LUXUSDROIDEN-ASSISTENTIN

ANGENEHME, REIZENDE STIMME

MAGNETISCHER GREIFER HÄLT DAS TABLETT.

DEKORATIVER ROCK

WA-7-DROIDEN-KELLNERIN

CHROMCHARME

BD-3000-Droiden arbeiten als Sekretärinnen, Dienerinnen, Kindermädchen oder Chauffeurinnen für Politiker und Geschäftsleute. Diese reizenden Roboter sind oft programmiert, um Besucher zu umgarnen, aber täusche dich nicht: Manch ein BD-3000 ist zum Bodyguard oder zur Killerin umprogrammiert.

GLÄNZENDE CHROMSCHICHT

KÜNSTLICHE KELLNERIN

WA-7-Droidenkellnerinnen bleiben dank Gleichgewichtsgyros aufrecht, selbst wenn sie volle Tabletts durch die Menge tragen. Dinerchef Dexter Jettster hatte auf Coruscant eine kontaktfreudige WA-7-Einheit namens Flo.

REPULSOR-STABILISATOR

SO SEHEN DROIDEN: TECHNIK

Droiden sehen auf unterschiedliche Weise. Was und wie gut sie sehen, hängt dabei von ihrer Programmierung ab. Das Sehvermögen technischer Droiden schwankt erheblich – von äußerst einfach bis zu multifunktional.

ENERGIEVERTEILUNGS-MODUS

ENERGIESTÄRKE-ANZEIGE

ENERGIEQUELLEN-ERKENNUNG

RICHTUNGS-ANZEIGE

RASTER ZUR HINDERNISVERMEIDUNG

LADESTATUS

GNK-ENERGIEDROIDE

Energiedroiden sind wandelnde Batterien, die andere Droiden, Fahrzeuge und Maschinen aufladen. Ein Energiedroide in Mos Eisley nimmt die Welt in Form von Energiestärken und -quellen wahr.

R2-D2

R2-D2 ist programmiert, um Raumschiffe selbst in wüsten Weltraumschlachten zu navigieren. Seine optischen Sensoren haben daher viele Funktionen. Er kann mit Datenbanken vernetzt werden, die Sternkarten und Fahrzeugdaten enthalten.

DER BESTE FREUND DES PILOTEN

R2-D2s holografische Kamera zeigt Weltraumschlachten in 3D, damit der Pilot Feinde ausmachen und seinen Kurs planen kann. Mit dieser Technik lassen sich auch Geheimbotschaften aufzeichnen.

PROZESSORSTATUS-ANZEIGE

HOLOGRAFISCHE 3D-SENSORDATEN

SENSOREN-SCANRICHTUNG

KOMMANDO-DIREKTIVE

REICHWEITEN-ANZEIGE

DATENSYSTEMSTATUS

UMGEBUNGS-SENSOR

IG-88

Der Attentäterdroide IG-88 hat Augen im Hinterkopf. Mit optischen Sensoren vorn und hinten vermag er gleichzeitig in alle Richtungen zu sehen und Gefahren zu erkennen. Als er für Darth Vader Han Solo fangen soll, nimmt er mit anderen Sensoren auch Bewegungen wahr, registriert die Temperatur und sieht durch Metall. Dank seiner vielseitigen Sicht und seiner Datenbanken erkennt er schnell konkurrierende Kopfgeldjäger und potenzielle Ziele.

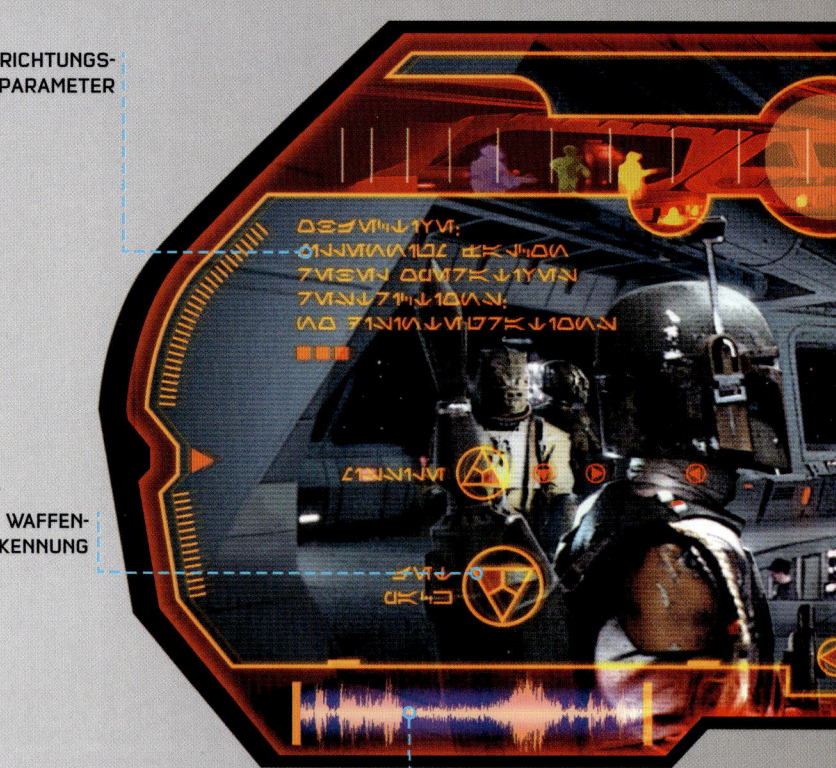

RICHTUNGS-PARAMETER

WAFFEN-ERKENNUNG

STIMMANALYSE

KAMPFDROIDE

Die optischen Sensoren von Kampfdroiden sind nicht schärfer als die Augen normaler Lebewesen, doch dank ihrer Programmierung können sie zwischen Freund und Feind unterscheiden und Ziele ausmachen, die ihr Droidenkontrollschiff erkannt hat. Das ist in wilden und rasanten Schlachten nützlich, wenn Droiden blitzschnell Entscheidungen treffen müssen.

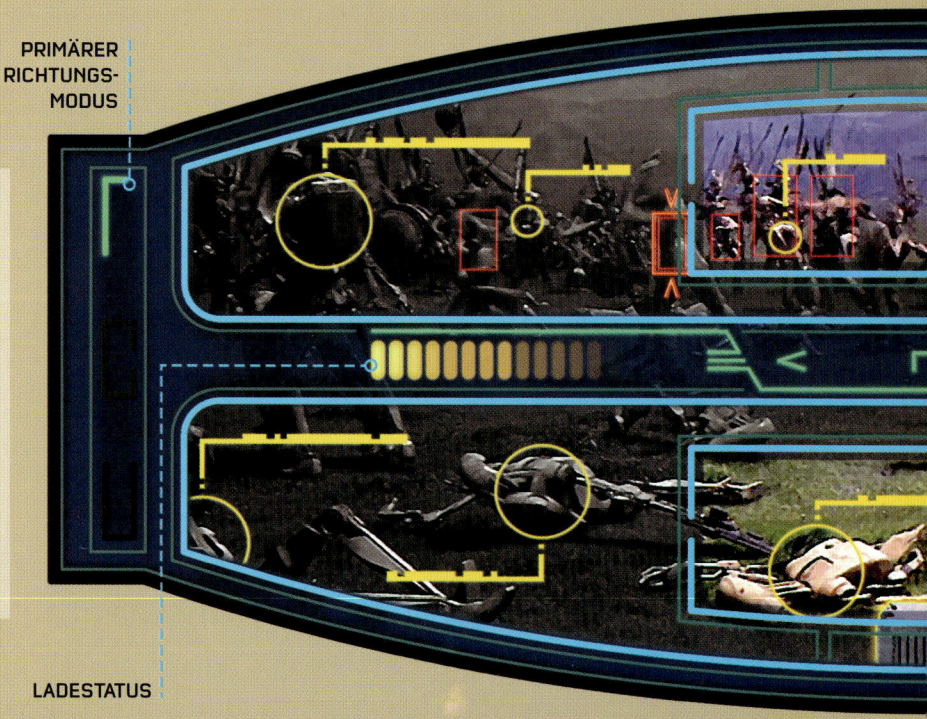

PRIMÄRER RICHTUNGS-MODUS

LADESTATUS

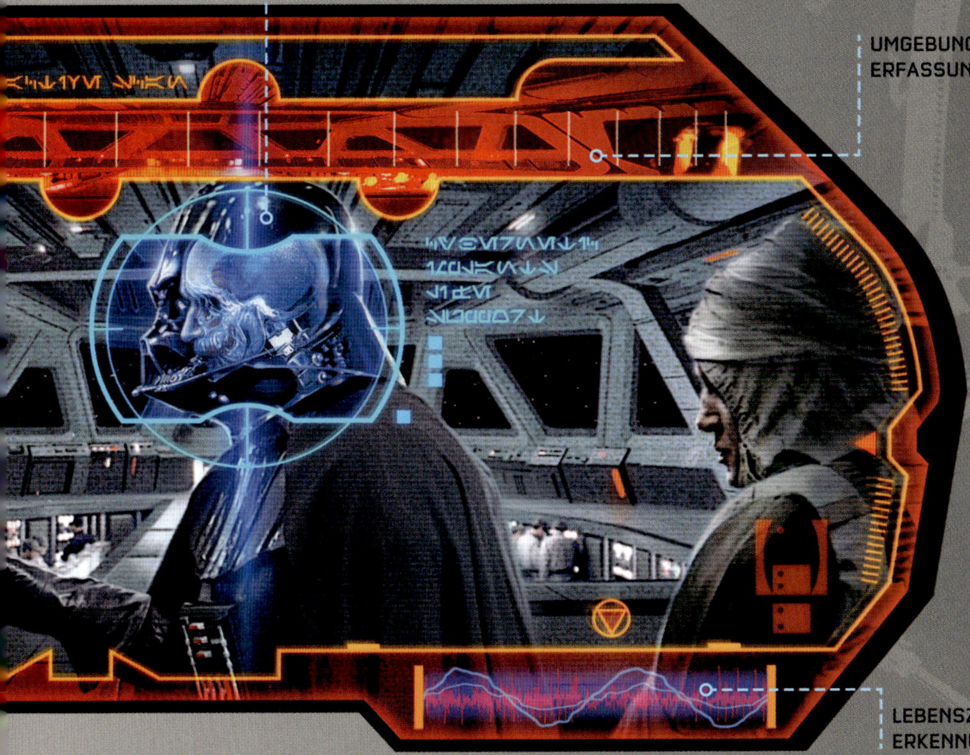
FOKUSSIERTER LEBENSFORMSCANNER
UMGEBUNGSTEMPERATUR-
ERFASSUNG
LEBENSZEICHEN-
ERKENNUNG

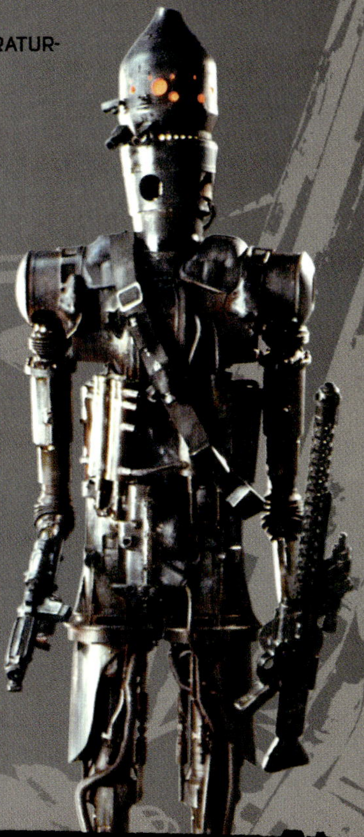

SO SEHEN DROIDEN: IM KAMPF

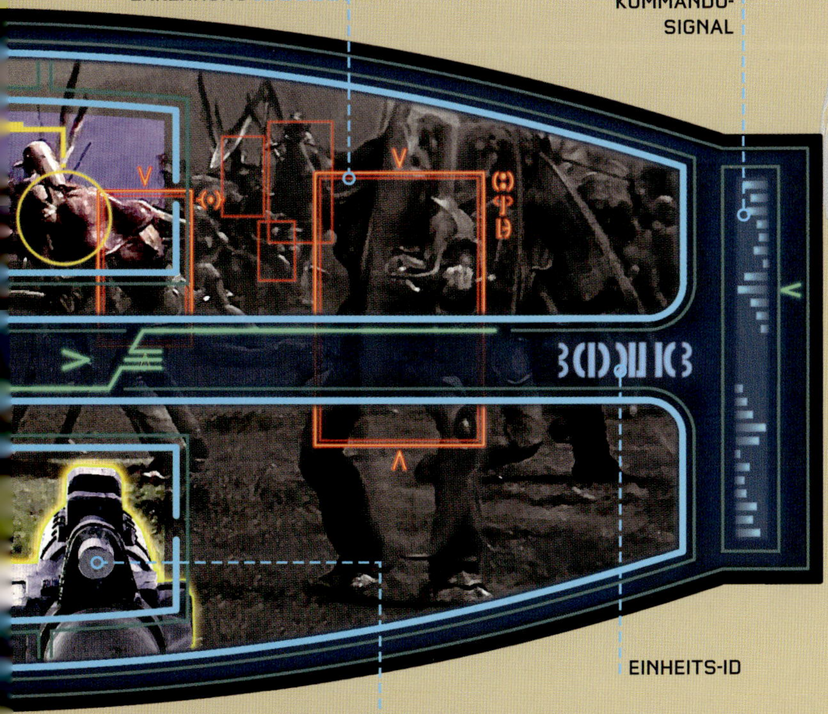
FEIND-
ERKENNUNG
KOMMANDO-
SIGNAL
EINHEITS-ID
E-5-BLASTER

Kampfdroiden sind mit vielen optischen Sensoren und Datendisplays ausgestattet. Sie müssen viele Dinge wie Ziele und Bedrohungen gleichzeitig verfolgen.

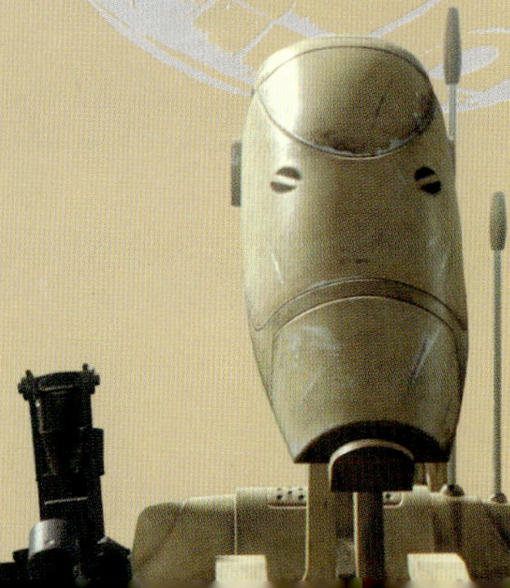

KEINE ANGST VOR GRÖSSEREN DROIDEN

R2-D2 ist zwar nicht für den Kampf programmiert, aber du solltest ihn nie als „dummen
kleinen Astrodroiden" abtun. Zwei Superkampfdroiden begehen diesen Fehler an Bord von
General Grievous' Schiff *Unsichtbare Hand*.
Bevor die Superkampfdroiden merken, was
geschieht, setzt R2 sie in Brand und flüchtet.

WARUM DARF MAN
R2-D2
NIEMALS
UNTERSCHÄTZEN?

ABLENKUNGSMANÖVER

Obi-Wan Kenobi und Anakin Skywalker sind auf Grievous' Schiff gefangen. Plötzlich aktiviert R2-D2 viele seiner Systeme zu einem lärmenden Spektakel. Während die Kampfdroiden abgelenkt sind, ergreifen Obi-Wan und Anakin ihre Lichtschwerter.

NEBELSCHLEIER

R2 und seine Freunde werden in der Wolkenstadt von Sturmtruppen verfolgt. R2-D2 aktiviert seinen Feuerlöscher und erzeugt eine Dampfwolke. Die Sturmtruppler können durch diesen Nebelschleier nicht hindurchsehen und die Rebellen erreichen rechtzeitig Han Solos sicheres Raumschiff, den *Millennium Falken*.

R2-D2S FASSFÖRMIGER Körper enthält viele Werkzeuge, um Raumschiffe zu reparieren und Piloten und Mechanikern zu helfen – doch der resolute kleine Astromech setzt seine Werkzeuge recht kreativ ein. Ist er in Gefahr, fällt ihm immer etwas ein, wie er sich verteidigen oder Feinde von sich und seinen Freunden ablenken kann.

DROIDENANGRIFF!

KAMPFDROIDEN
GEGEN
LICHTSCHWERT

Ein Jedi wie Obi-Wan Kenobi kann mit seinem Lichtschwert den fragilen Körper von Kampfdroiden durchschneiden oder ihr Blaster-feuer auf sie zurücklenken!

SONDENDROIDE
GEGEN
BLASTER

Sondendroiden sind groß, schlau und unheimlich, doch mit einem gezielten Blasterschuss jagt Han Solo dem Sobot genug Angst ein, dass er sich selbst zerstört!

KRABBENDROIDE
GEGEN
BLASTERGEWEHR

Separatistische Krabbendroiden sind flink, zäh und tödlich, doch die Klonsoldaten der Republik kennen ihre Schwachstellen – wie die oben an ihrem Kopf!

Je größer der Droide ist, desto schwerer ist er zu zerstören. Jedi-Ritter fürchten keine Kampfdroiden, doch größere Droiden erfordern viel mehr Feuerkraft.

FEUERHAGELDROIDE
GEGEN
KANONENBOOT DER REPUBLIK

Feuerhageldroiden vernichten feindliche Truppen mit starken Raketen. Diese rasanten Separatisten-einheiten werden am besten aus der Luft abge-wehrt und die republikanische Armee beschießt sie mit Laserkanonen aus ihren Kanonenbooten.

SPÜRSPINNEN-DROIDE
GEGEN
AT-TE

Spürspinnendroiden vernichten Klonsoldaten reihenweise oder feuern auf Kanonenboote über ihnen. Doch Einheiten schwer bewaffneter republi-kanischer AT-TEs zielen auf die Beine oder Laser-schüsseln von Spinnendroiden, um sie zu zerstören.

WIE ENTSPANNT SICH C-3PO?

DROIDEN WERDEN NICHT müde wie Lebewesen – doch sie müssen aufgeladen und repariert werden. C-3PO ist programmiert, mit Menschen zu interagieren, und benimmt sich daher zuweilen wie eine müde Lebensform, die sich von den Sorgen und dem Stress des Alltags erholen muss.

AUF SICHERHEIT SPIELEN

Manche Droiden entspannen sich beim Spielen, aber C-3PO denkt eher an Sicherheit, als er Chewbacca und R2-D2 an Bord des *Millennium Falken* beim Dejarik zusieht. Als sich Chewbacca über R2-D2 ärgert, warnt Han Solo C-3PO, Wookiees würden mitunter ihren Gegnern die Arme abreißen, wenn sie verlieren. Nun muss C-3PO dafür sorgen, dass R2 den Wookiee gewinnen lässt!

RUHEPAUSE
Als C-3PO beim Sturz auf Tatooine einen Arm verliert, repariert Luke Skywalker den Droiden. C-3PO schaltet für eine Weile ab, damit sich seine Systeme schneller erholen.

EIN LANGES BAD
Nachdem Owen Lars ihn von Jawa-Händlern gekauft hat, ist C-3PO nicht gerade glücklich auf der Feucht-farm. Immerhin gönnt er sich ein linderndes Ölbad. Seine Gelenke knirschen vom Sand auf Tatooine.

NETTER BESITZER
Luke Skywalker taucht C-3PO, den neuen Protokolldroiden seines Onkels, in ein Ölbad. Er weiß: Ein glücklicher Droide ist ein hilfreicher Droide.

OPTISCHE SENSOREN

Medi-
DROIDEN

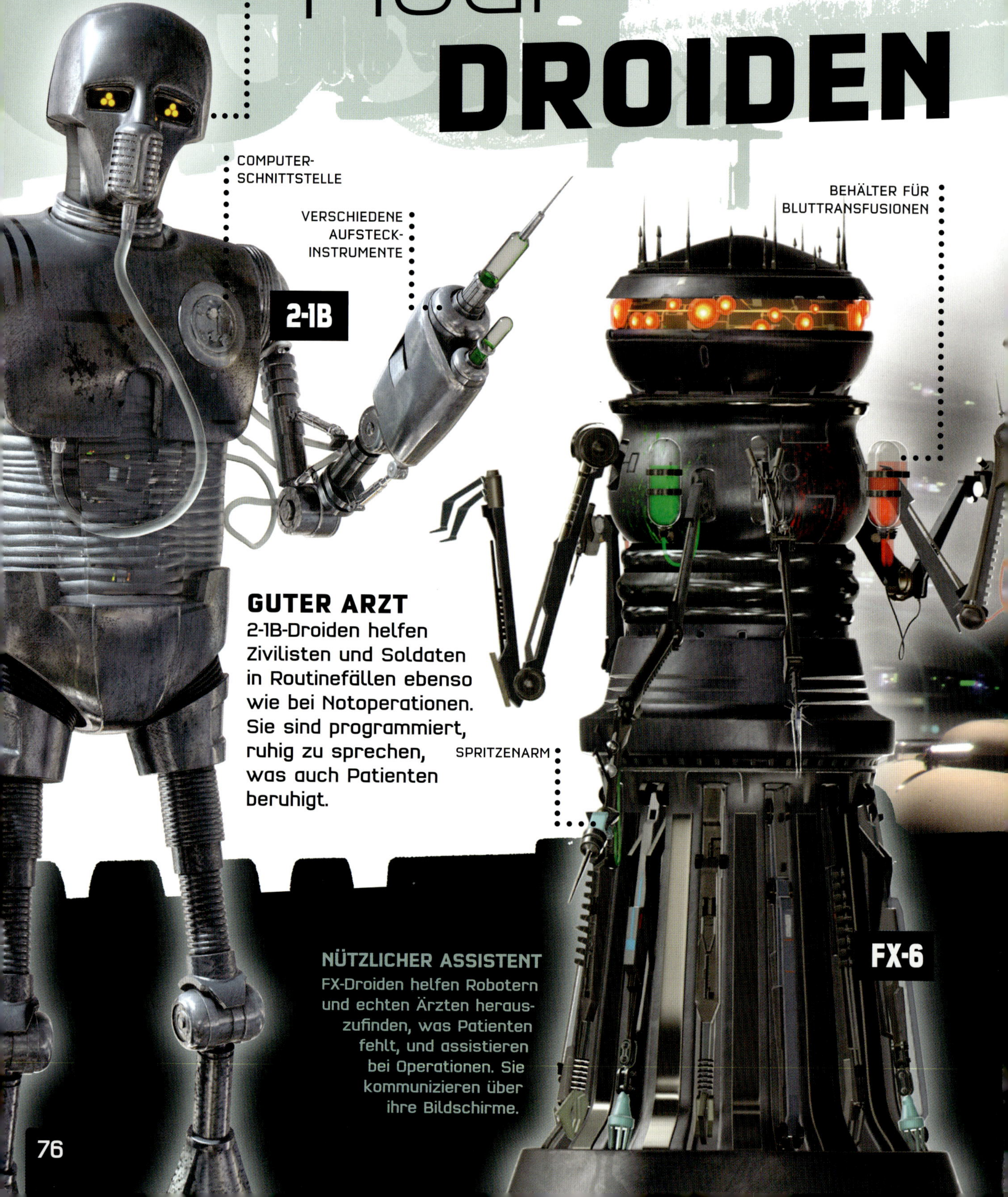

COMPUTER-
SCHNITTSTELLE

VERSCHIEDENE
AUFSTECK-
INSTRUMENTE

BEHÄLTER FÜR
BLUTTRANSFUSIONEN

2-1B

GUTER ARZT
2-1B-Droiden helfen
Zivilisten und Soldaten
in Routinefällen ebenso
wie bei Notoperationen.
Sie sind programmiert,
ruhig zu sprechen,
was auch Patienten
beruhigt.

SPRITZENARM

FX-6

NÜTZLICHER ASSISTENT
FX-Droiden helfen Robotern
und echten Ärzten heraus-
zufinden, was Patienten
fehlt, und assistieren
bei Operationen. Sie
kommunizieren über
ihre Bildschirme.

FÜRSORGE

Auf Polis Massa hilft ein Hebammendroide Padmé Amidala bei der Geburt ihrer Zwillinge Luke und Leia. Der Droide sorgt dafür, dass die Babys gesund und sicher sind, kann Padmé aber nicht retten.

ARZT DER ECHO-BASIS

Als Luke Skywalker beinahe in einem Schneesturm auf Hoth umkommt, behandelt ihn ein 2-1B-Droide. Er legt ihn in einen heilenden Bacta-Tank, bis der Jedi vollständig genesen ist.

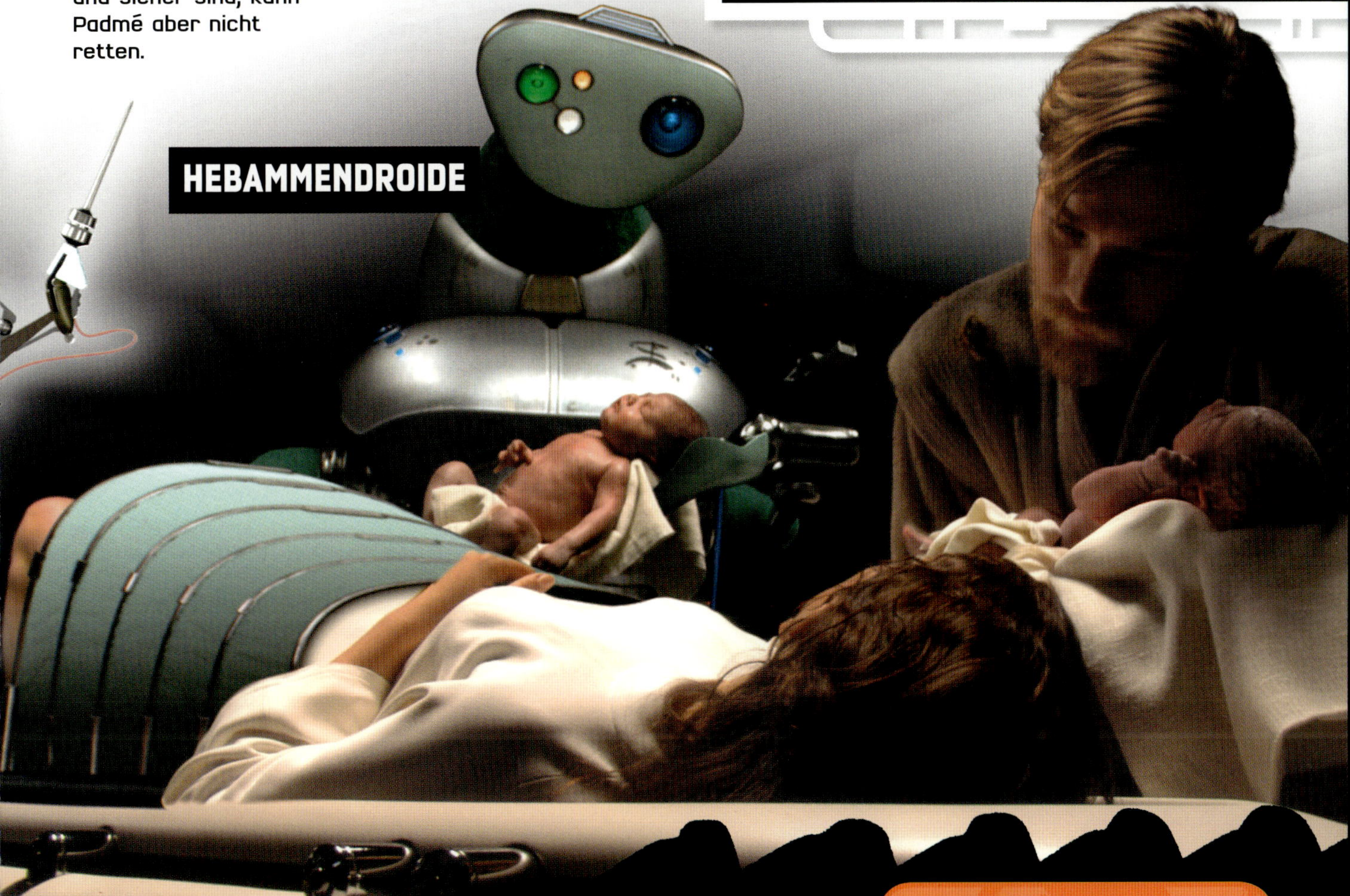

HEBAMMENDROIDE

Medidroiden sind Roboterärzte, deren Datenbanken voller Informationen über Krankheiten und Verletzungen sind. Sie können Tausende verschiedener Spezies behandeln. Bürger der Galaxis verlassen sich auf Medidroiden in Routine- wie in Notfällen.

MEDIDROIDE

HERSTELLER: VERSCHIEDENE
GRÖSSE: VERSCHIEDEN
PROGRAMMIERUNG: VERSCHIEDEN
MERKMALE: MEDIZINISCHE INSTRUMENTE, KRANKHEITSDATENBANK, NÄHRFLÜSSIGKEITEN, AUF PRÄZISION PROGRAMMIERT, SANFTE STIMME (HEBAMMENDROIDEN)

DROIDEN AUF ABWEGEN

Droiden halten sich an ihre Programmierung, aber Software- und Verkabelungsfehler können aus Droiden Lügner, Diebe oder Schlimmeres machen. Skrupellose Besitzer programmieren ihre Droiden auch um, damit sie anderen schaden. Solche abtrünnigen Droiden sind zwar selten, doch Lebewesen fürchten sie sehr.

GAS-BEHÄLTER

IG-88

MODIFI-ZIERTER E-11-BLASTER

SCHADENS-SICHERE SERVOKABEL

SCHURKENROBOTER

Die IG-Attentäterdroiden wurden ebenso wie die MagnaWächter von den Holowan Maschinenwerken produziert. Als der erste IG-88 aktiviert wurde, tötete er seine Erbauer, da er sie als Bedrohung ansah. IG-88 wurde ein abtrünniger Droide, der aus Profitgier eigenständig operierte.

IG-88 gehört einer Elitegruppe von Kopfgeldjägern an, die Darth Vader anheuert, um den *Millennium Falken* ausfindig zu machen und zu kapern.

INSEKTENARTIGER KOPF

GEFÄHRLICHER DROIDE

4-LOM ist Protokolldroide und arbeitete ursprünglich auf einem Luxusliner. Der schlaue Droide überschrieb sein Programm und wurde Juwelendieb. Als abtrünniger Droide widmete sich 4-LOM eigenen üblen Plänen und wurde schließlich ein tödlicher Kopfgeldjäger.

ROSTIGE DROIDENVERKLEIDUNG

4-LOM

8D8

GEFANGENER ENERGIEDROIDE

METALLMONSTER

8D8-Droiden arbeiten in Schmelzwerken, wo es für Lebewesen zu heiß ist. Jabba der Hutt erwarb einen 8D8 und programmierte ihn um, damit er andere Droiden in seinem Palast folterte. Er arbeitet unter EV-9D9.

HEBEL FÜR TRAGBAREN SCHMELZOFEN

SADISTISCHE AUFSEHERIN

MerenData versah seine EV-Überwachungsdroiden versehentlich mit Teilen von Verhördroiden. Dies führte zu Fehlfunktionen und sadistischen Verhaltensweisen. EV-9D9 entkam der Festnahme und wurde von Jabba dem Hutt als Droidenaufseherin in seinem Palast eingesetzt. Vorsicht!

EV-9D9

DROIDENSTEUERKONSOLE

SPINDELDÜRRE GLIEDMASSEN

WERDEN DROIDEN
STETS RESPEKTIERT?

MANCHE LEUTE sind nett zu Droiden, viele aber nicht. Sie machen mit Droiden, was sie wollen. Für Droiden ist die Galaxis ein unheimlicher Ort. Irgendwo ist immer jemand bereit, sie zu verkaufen, zu tauschen oder – im schlimmsten Fall – einzuschmelzen!

NICHTS VERSCHÜTTEN!

R2-D2 repariert als komplexer Droide Raumschiffe und spricht mit Computern, doch Jabba der Hutt lässt ihn Getränke auf einem Tablett servieren. R2 ist das egal: All das gehört zum Plan, Han Solo zu retten. Der kleine Droide hat Luke Skywalkers Lichtschwert in seiner Kuppel versteckt!

SCHMUTZIGER JOB

C-3PO spricht Millionen Sprachen und hilft Diplomaten bei wichtigen Treffen. Doch Luke hat ihn Jabba geschenkt und nun muss er wüste Drohungen von Kopfgeldjägern übersetzen. Und wenn Jabba nicht gefällt, was er hört, lässt er seinen Zorn an seinem „Sprechdroiden" aus. Oft ist C-3PO danach von Jabbas schleimigem Essen verschmiert!

STAUB ANSAMMELN

Als Gefangene von Jawas stecken C-3PO und R2-D2 mit kaputten Droiden in einem Sandkriecher. Die Jawas wollen diese Droiden verkaufen, doch bis dahin sind sie übereinandergetürmt und rosten vor sich hin – als ob sie Schrott wären! C-3PO und R2 hoffen, nicht so zu enden.

ANAKIN SKYWALKER

Als Count Dooku Anakins Arm abschlug, wurde er durch einen mechanischen ersetzt und mit einem Handschuh bedeckt.

DROIDE
Anakins rechte Hand und Teile des Unterarms sind mechanisch.
INSGESAMT: 10%

KEIN DROIDE
Sonst ist Anakin aus Fleisch und Blut – bis zum Duell mit Obi-Wan Kenobi.
INSGESAMT: 90%

WAT TAMBOR

Als Mitglied des Separatistenrats trägt Wat Tambor einen Exo-Anzug, der den hohen Druck seines Heimatplaneten Skako nachahmt.

DROIDE
Tambor sieht wie ein Droide aus, ist aber ein Lebewesen im Schutzanzug.
INSGESAMT: 0%

KEIN DROIDE
Skakoaner wie Wat sind höheren Druck und eine methanhaltige Atmosphäre gewohnt.
INSGESAMT: 100%

DROIDE ODER NICHT?

LOBOT

Lobot ist Chefassistent von Lando Calrissian. Sein Gehirn ist mit dem Zentralcomputer der Wolkenstadt verbunden.

DROIDE
Lobot kommuniziert mit seinem Gehirnimplantat nur durch Denken mit den Computern der Wolkenstadt.
INSGESAMT: 10%

KEIN DROIDE
Lobot ist ein Lebewesen, verständigt sich aber lieber über seine Gedanken als durch Sprechen.
INSGESAMT: 90%

Nachdem Obi-Wan Kenobi ihn im Duell fast getötet hat, kann Vader ohne seine künstlichen Gliedmaßen und seine lebenserhaltende Rüstung nicht überleben.

DROIDE

Vaders Arme, Beine und einige Organe sind mechanisch. Maschinen helfen beim Atmen, Sehen, Hören und Sprechen.
INSGESAMT: 80%

KEIN DROIDE

Vader mag Regen oder frische Luft nicht mehr spüren, doch unter seiner Rüstung ist er teilweise noch Mensch.
INSGESAMT: 20%

DROIDE

Grievous' Körper, Gliedmaßen und Teile seines Kopfes sind künstlich.
INSGESAMT: 95%

KEIN DROIDE

Grievous' Augen, Hirn, Rückenmark und Organe sind organisch. Warnung: Nenne ihn nie einen Droiden!
INSGESAMT: 5%

Grievous war einst Kriegsherr der Kaleesh, doch seit einer Explosion besteht sein Körper größtenteils aus gepanzerten Teilen.

Manche Wesen sehen wie Droiden aus, sind aber Cyborgs: Lebewesen mit mechanischen Teilen. Zuweilen ersetzen diese Teile Gliedmaßen oder Organe und machen eine Lebensform stärker oder schneller. Merke: Nur weil ein Cyborg teils Roboter ist, ist er noch lange kein Droide!

Die körperlosen B'omarr-Mönche leben im Palast von Jabba dem Hutt. Ihr Gehirn existiert ewig in einem Spezialbehälter.

DROIDE

Die Gehirnbehälter der Mönche werden von Droiden getragen, die wie Spinnen aussehen.
INSGESAMT: 99%

KEIN DROIDE

Nur das in einer Nährflüssigkeit schwebende Gehirn der Mönche ist geblieben.
INSGESAMT: 1%

83

MAGNAWÄCHTER

HERSTELLER: HOLOWAN MASCHINENWERKE
GRÖSSE: 1,95 M
PROGRAMMIERUNG: MÄNNLICH
MERKMALE: SENSOREN, KAMPFPROGRAMMIERUNG

KOPFLOS

Als ein MagnaWächter Obi-Wan Kenobi angreift, schneidet der Jedi dem Droiden den Kopf ab. Doch MagnaWächter haben ein elektronisches Auge in der Brust, mit dem sie auch kopflos weiterkämpfen können!

IG-102

KRIEGSNARBEN

Grievous' Wächter weisen Spuren früherer Kämpfe mit Jedi auf: Ihre Umhänge sind zerfetzt, ihre Metallgesichter und -körper tragen Lichtschwertnarben. Gruselig!

ZUSÄTZLICHER FOTOREZEPTOR

NICHT BERÜHREN!

Die glühenden Spitzen der Elektrostäbe von MagnaWächtern lähmen oder töten. Elektrostäbe sind aus Phrik, einem harten Metall, das sogar Lichtschwertern standhält.

GEFÄHRLICHER ELEKTROSTAB •

DURASTAHL-GLIEDMASSEN

FINSTERE VERTEIDIGER

MagnaWächter schützen General Grievous auf dem Planeten Utapau. Obi-Wan Kenobi muss sie besiegen, bevor er sich mit Grievous duellieren kann.

IG-101

MAGNETISCHE FÜSSE •

MAGNAWÄCHTER

Schreckliche MagnaWächter schützen die wichtigsten Anführer der Separatisten wie Count Dooku und General Grievous. Dank ihrer Kampfprogrammierung sind sie sehr gefährlich. MagnaWächter sind speziell programmiert, Jedi-Ritter anzugreifen und zu erledigen.

DIENER DER DUNKLEN SEITE

Ihre Programmierung bestimmt das Handeln der Droiden – sie haben keine Wahl. Manche werden Diener der dunklen Seite, da sie für böse Zwecke geschaffen sind oder weil ihre Herren es ihnen befehlen.

AMPUTIERDROIDE

Diese Medidroiden operieren Lebewesen und verpassen ihnen künstliche Gliedmaßen und Organe. Amputierdroiden verdankt Darth Vader auch seine lebenserhaltende Rüstung.

VIPER-SONDENDROIDE

Seit Jahrhunderten setzt das Militär Sondendroiden ein. Das Imperium entsendet schwarz gepanzerte Sobots, die Luke Skywalker und seine Rebellenfreunde jagen.

ASN-121-ATTENTÄTERDROIDE

Die Kopfgeldjägerin Zam Wesell schickt diesen fliegenden Killer zu Padmé Amidala, wo er in ihrem Schlafzimmer giftige Kouhuns freisetzt.

SITH-SONDENDROIDE

Darth Maul lässt drei „Dunkelauge"-Droiden auf Tatooine nach Padmé Amidala und ihren Jedi-Freunden suchen. Diese kleinen Droiden fahnden nach ihren Zielen, während sie über der Menge schweben.

IT-O-VERHÖRDROIDE

Diese grausamen Droiden terrorisieren die Gefangenen des Imperiums. Mit grässlichen Instrumenten an ihren mechanischen Armen schüchtern sie die Gefangenen ein, bis sie ihre Geheimnisse verraten.

RA-7-PROTOKOLLDROIDE

Diese grimmig blickenden Droiden sind auf dem Todesstern so verbreitet, dass man sie „Todessterndroiden" nennt. Heimlich ermitteln sie, ob ihre Herren dem Imperium gegenüber loyal sind.

IMPERIALE ASTROMECHS

Astromechdroiden dienen auch den Piloten und Mechanikern des Imperiums. R2-Q5 und R5-J2 begrüßen an Bord des zweiten Todessterns Imperator Palpatine, als er die im Bau befindliche Station über dem grünen Mond Endor besichtigt.

HABEN DROIDEN FREUNDE?

DIE MEISTEN BÜRGER der Galaxis fragen sich kaum, was ihre Droiden denken oder fühlen. Und die meisten Droiden tun nur, wofür sie programmiert sind, und sprechen erst mit anderen, wenn sie müssen. Doch manchmal finden Droiden Freunde – in anderen Droiden oder in Lebewesen, die sie nicht bloß wie Maschinen behandeln.

DROIDENDATEN

■ Nach regelmäßigen Gedächtnislöschungen erinnern sich Droiden nicht mehr, was sie gesagt oder getan haben. Löschen ihre Herren ihr Gedächtnis nicht, entwickeln sie eher eine Persönlichkeit.

SICH GUT VERSTEHEN

Chewbacca ist oft wütend, da C-3PO über alles meckert, aber selber meint, Chewie sollte sich mehr beherrschen. Doch Chewie will C-3PO reparieren, als Sturmtruppen ihn in der Wolkenstadt zerschießen. C-3PO wird zornig, als er merkt, dass sein Kopf verkehrt herum sitzt, doch im Innersten ist er dem Wookiee dankbar.

EWOK-FREUND
Der resolute R2-D2 ärgert sich, als die Ewoks ihn und seine Freunde gefangen nehmen, und will den Fellwesen Elektroschocks verpassen. Doch als er sich beruhigt hat, merkt R2, dass er Wicket mag. Der kleine Ewok ist genauso tapfer wie er.

PARTNER IM KAMPF
Die meisten Raumschiffpiloten zählen ihre Astromechs zur Ausstattung. Doch Anakin Skywalker kennt R2-D2 seit Jahren und sieht in ihm einen treuen Freund. Oft versteht er auch die Pfeif- und Pieptöne des kleinen Droiden. Das hilft ihnen, im All wie an Land als Team zu arbeiten.

RETTER DER GALAXIS

Die meisten Droiden verrichten nur eintönige Jobs für ihre Herren. Doch manche Droiden sind zu Höherem berufen: R2-D2 und C-3PO helfen ihren Besitzern, die Galaxis vor dem Bösen zu retten!

EIN HILFERUF

Als General Grievous Kanzler Palpatine entführt, wollen Anakin Skywalker und Obi-Wan Kenobi den Anführer der Republik retten. Sie sind in einem Aufzug in Grievous' Raumschiff gefangen und rufen R2-D2 zu Hilfe. Kann er den Aufzug wieder zum Laufen bringen?

IN DER FALLE

Luke Skywalker und Han Solo tarnen sich als Sturmtruppler, als sie Prinzessin Leia vom Todesstern retten wollen. Doch die drei und Chewie sind in einer Müllpresse gefangen. Kann R2 die Presse stoppen, bevor die Rebellenhelden zermalmt werden?

ACHTUNG, WACHEN!

Auf dem Mond Endor sollen Han, Leia und Chewbacca den Energieschild zerstören, der den zweiten Todesstern schützt. Sie müssen in einen imperialen Bunker einbrechen, doch der ist von Sturmtruppen bewacht.

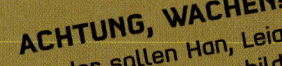

DROIDE ALS RETTER

R2-D2 weiß, dass Obi-Wan und Anakin ihn brauchen, doch er hat ein Problem: Zwei Superkampfdroiden verfolgen ihn. R2 besiegt die Droiden leicht und eilt dann den Jedi zu Hilfe. Er empfängt Obi-Wans Anweisungen über sein Komlink und steuert dann den Aufzug mit der Computer-schnittstelle an seinem Arm.

GERETTET!

Während C-3PO seinen Freund zur Eile drängt, hackt sich R2-D2 ins Computernetz des Todes-sterns und schaltet die Müllpressen ab. Die Rebellen sind im Letzten Moment gerettet. C-3PO könnte erleichtert sein, als er seine Freunde jubeln hört, aber der ängstliche Droide meint, sie würden vor Schmerzen schreien!

ABLENKUNGSMANÖVER

C-3PO und R2-D2 lenken möglichst viele Sturm-truppler ab und verleiten sie zu einer Jagd durch die Wälder. Endors Ewok-Krieger lauern ihnen auf und geben damit Han und Leia die Chance, den Energieschild zu zerstören, bevor die Rebellenflotte den Todesstern angreift.

GLOSSAR

BACTA
■ Eine Substanz zur Wundbehandlung.

BLOCKADE
■ Eine politische Taktik, bei der Essen und andere Güter an einen bestimmten Ort nicht geliefert werden.

COLICOIDEN
■ Eine insektoide Spezies vom Planeten Colla IV, die für die Separatisten Droidekas erschaffen soll.

CORUSCANT
■ Die Hauptwelt der Republik mit Senatsgebäude und Jedi-Tempel.

CYBORG
■ Ein Geschöpf, das teils Lebewesen und teils Roboter ist.

DIPLOMAT
■ Eine Person, die Verhandlungen mit Völkern anderer Planeten oder Kulturen führt.

DROHNE
■ Ein Arbeiter, der den Befehlen anderer gehorcht und selbst nichts zu sagen hat.

ECHO-BASIS
■ Das Hauptquartier der Rebellenallianz auf dem Eisplaneten Hoth.

ELEKTROSTAB
■ Waffe, die Grievous und seine Magna-Wächter einsetzen.

GEONOSIS
■ Ein Wüstenplanet im Äußeren Rand der Galaxis, berühmt für seine Droidenfabriken.

GUNGAN
■ Eine amphibische Spezies vom Planeten Naboo.

GYROSKOP
■ Ein rasch rotierender Kreisel, mit dem Fahrzeuge ihr Gleichgewicht halten können.

HANDELS-FÖDERATION
■ Eine große Organisation, die in der ganzen Galaxis den Handel kontrolliert.

HOTH
■ Ein von Eis bedeckter Planet in den Gebieten des Äußeren Rands.

HYPERRAUM
■ Die Dimension des Raums, in dem erfahrene Raumschiffpiloten mithilfe eines Hyperantriebs schneller als das Licht fliegen.

IMPERATOR
■ Herrscher im Imperium.

IMPERIUM
■ Alleinherrschaft über die Galaxis von 19 VSY bis 4 NSY unter der Führung des bösen Imperators Palpatine.

JAWAS
■ Eine kleine humanoide Spezies auf dem Planeten Tatooine. Sie handeln mit Schrott, den sie in der Wüste sammeln.

JEDI
■ Mitglied des Jedi-Ordens, das sein Leben dem Studium der Hellen Seite der Macht widmet.

JEDI-SÄUBERUNG
■ Der Versuch von Kanzler Palpatine, den gesamten Jedi-Orden 19 VSY auszulöschen.

KLONARMEE
■ Armee geklonter Soldaten auf Seiten der Republik, die als perfekte Krieger trainiert wurden.

KLONKRIEGE
■ Eine Reihe großer Schlachten zwischen der Klonarmee der Republik und der Droidenarmee der Konföderation Unabhängiger Systeme von 22 bis 19 VSY.

KOPFGELDJÄGER
■ Jemand, der für eine Belohnung gesuchte Personen aufspürt, gefangen nimmt oder tötet.

LICHTSCHWERT

■ Waffe mit einer Klinge aus purer Energie, die die Jedi und Sith benutzen.

MACHT

■ Die Energie, die alle Lebewesen durchströmt und für Gut und Böse genutzt werden kann.

NABOO

■ Ein wunderschöner Planet an der Grenze des Äußeren Rands. Padmé Amidalas Heimat.

PODRENNEN

■ Ein beliebter Sport, besonders auf dem Planeten Tatooine, bei dem die Teilnehmer in superschnellen Podrennern antreten.

REBELLENALLIANZ

■ Die Gruppe, die gegen das böse Imperium kämpft.

REPUBLIK

■ Die demokratische Regierungsform der Galaxis unter der Führung eines gewählten Kanzlers.

SANDKRIECHER

■ Ein großes Transportfahrzeug, das sich gut über Sand bewegt und Jawas oft als mobile Basis dient.

SCHLACHT VON CORUSCANT

■ Konflikt in den Klonkriegen im Jahr 19 VSY, bei dem die Separatisten den Planeten Coruscant angreifen und Kanzler Palpatine entführen.

SCHLACHT VON ENDOR

■ Konflikt im Jahr 4 NSY, bei dem die Rebellenallianz das Imperium auf Endor angreift, was zur Zerstörung des Todessterns führt und den Niedergang des Imperiums einläutet.

SCHLACHT VON GEONOSIS

■ Konflikt im Jahr 22 VSY, bei dem die Klonarmee der Republik die Droidenarmee der Separatisten auf dem Planeten Geonosis angreift – der Beginn der Klonkriege.

SCHLACHT VON KASHYYYK

■ Konflikt im Jahr 19 VSY, bei dem die Droidenarmee der Separatisten gegen Wookiees und Jedi auf Kashyyyk kämpft.

SCHLACHT VON NABOO

■ Konflikt im Jahr 32 VSY, bei dem die Handelsföderation den Planeten Naboo mit ihrer Droidenarmee belagert.

SCHLACHT VON YAVIN

■ Konflikt im Jahr 0, bei dem die Rebellen vom Mond Yavin 4 aus den ersten Todesstern angreifen und zerstören.

SENAT

■ Regierung der Republik mit Abgeordneten aus allen Teilen der Galaxis.

SENATOR

■ Eine Person, die ihren Planeten, ihren Sektor oder ihr System im Senat vertritt.

SEPARATISTEN

■ Allianz gegen die Republik. Auch als Konföderation Unabhängiger Systeme bekannt.

SITH

■ Eine alte Sekte von Machtempfänglichen, die sich der Dunklen Seite verschrieben haben, um Kontrolle zu erlangen.

SONDENDROIDE

■ Roboter, der Daten sammelt und sendet.

TATOOINE

■ Ein Wüstenplanet mit zwei Sonnen im Äußeren Rand der Galaxis, bekannt als Treffpunkt für Verbrecher und Schmuggler.

TODESSTERN

■ Eine planetengroße Kampfstation des Imperiums, die genug Feuerkraft besitzt, um ganze Planeten zu zerstören.

REGISTER

Charaktere sind nach ihren gebräuchlichsten Namen eingeordnet. Luke Skywalker findet sich daher z.B. unter „L" und Darth Vader unter „D".

Hauptseiten sind fett hervorgehoben.

DORLING KINDERSLEY

London, New York, Melbourne, München und Delhi

Lektorat Shari Last, Julia March, Helen Murray
Gestaltung Clive Savage, Lisa Sodeau, Toby Truphet,
Rhys Thomas, Ron Stobbart
Art Director Lisa Lanzarini
Cheflektorat Catherine Saunders
Projektleitung Simon Beecroft
Programmleitung Alex Allan
Herstellung Siu Yin Chan, Kara Wallace

Für Lucasfilm
Chefredaktion J. W. Rinzler
Art Director Troy Alders
Hüter des Holocrons Leland Chee
Programmleitung Carol Roeder

Für die deutsche Ausgabe:
Programmleitung Monika Schlitzer
Projektbetreuung Florian Bucher
Herstellungsleitung Dorothee Whittaker
Herstellung Anna Ponton

Bibliografische Information der Deutschen Bibliothek
Die Deutsche Bibliothek verzeichnet diese Publikation
in der Deutschen Nationalbibliografie; detaillierte
bibliografische Daten sind im Internet über
http://dnb.ddb.de abrufbar.

Titel der englischen Originalausgabe:
Star Wars™ The Secret Life of Droids

Copyright © 2012 Lucasfilm Ltd. and TM.
All right reserved.
Used under authorisation.

Gestaltung © Dorling Kindersley Limited, London, 2012
Ein Unternehmen der Penguin-Gruppe

© der deutschsprachigen Ausgabe by
Dorling Kindersley Verlag GmbH, München, 2012
Alle deutschsprachigen Rechte vorbehalten

Übersetzung Michael Schmidt
Lektorat Marc Winter

ISBN 978-3-8310-2044-7

Colour reproduction by MDP, UK
Printed and bound in China by Hung Hing

Der Verlag dankt Chris Reiff und Chris Trevas für
die Illustrationen auf S. 66–69 und Jo Casey für die
redaktionelle Unterstützung. Lucasfilm dankt Jann
Moorhead und David Anderman.

Besuchen Sie uns im Internet
www.dorlingkindersley.de
www.starwars.com